OS SEGREDOS DO

MARKETING

PARA ALAVANCAR OS NEGÓCIOS

Os conhecimentos utilizados, testados e comprovados por políticos e empresários de sucesso do mundo todo, ao seu alcance.

ALBÉRICO JESUS

Índice

Apresentação

Nesta obra fala-se sobre empreendedorismo. O leitor encontrará diversas experiências e conhecimentos usados por pessoas de sucesso. Um grande ponto a se destacar neste projeto, é que ele foi construído com o objetivo de ajudar pequenos e grandes empreendedores a serem criativos, promovendo seus negócios com mais eficiência através das técnicas, ferramentas e experiências de marketing que serão compartilhadas aqui.

Reunir todo esse conteúdo tornou-se não apenas um trabalho, mas, uma satisfação muito grande. O tempo investido em leituras e pesquisas para entender como funcionam todos os padrões do marketing de alto impacto, levou cerca de seis anos. Nesse período, foram analisados vários padrões, dos quais tive oportunidade de estudar com um único propósito de entender como funcionam as etapas e técnicas desenvolvidas ao longo dos processos aqui apresentados. Fazendo a diferença na vida de pessoas que, com esforço e seriedade, obtém resultados satisfatórios no mundo dos negócios e nas realizações pessoais.

Introdução

Alguns dos questionamentos que costumam ficar sem respostas: por qual motivo algumas empresas prosperam mesmo em momentos de crise, enquanto outras somem do mapa praticamente da noite para o dia? Quais são as ações feitas por essas empresas ou pelos empreendedores para obterem resultados tão distintos? Para uns, crescimento extraordinário, e para outros, a aniquilação de todo um império de mercado?

Serão mostrados exemplos reais de empresas que prosperaram a nível global e de outras que eram globais e, com o passar do tempo foram extintas do mercado.

Sendo um dos exemplos, o caso da empresa Kodak. Se por ventura, já se pegou questionando quais são os motivos que levam uma empresa tão grande assim perder posicionamento de mercado de uma forma tão absurda, aqui terá algumas informações úteis do que acontece, e o que não fazer para que isso não aconteça em outros negócios.

Quem rir por último ri melhor, esse é o caso de sucesso da NETFLIX. Empresa que se tornou gigante, quase que da noite para o dia. No passado uma grande empresa riu deles e hoje já não está mais no mercado, entenda melhor essa história nos próximos capítulos.

O segredo do crescimento de uns e fracasso de outros. Quais são os processos e ações que o empreendedor precisa praticar diariamente em seus negócios para se distanciar da zona de perigo, e ao mesmo tempo colocar o negócio no caminho do crescimento? Essas e outras informações serão mostradas e explicadas de forma simples e prática.

Como promover um negócio? Será mostrada **a fórmula do marketing na essência**. O passo a passo para ajudar pequenos e grandes empreendedores a criarem e promoverem suas ideias de forma simples, com o foco em melhorar o **posicionamento de mercado**, relacionamento com o público-alvo e aumentar o faturamento a partir dessas aplicações.

Capítulo 1. Saindo de onde está

Jim Rohn e a maioria dos empreendedores de sucesso costumam dizer que somos a média das 05 pessoas das quais mais convivemos. A maioria das mães, por exemplo, devem ser as criadoras dessa tese, pois, costumam questionar as amizades dos filhos, dizendo quem são as más influências.

"Essa tese é apenas uma especulação, e nada disso foi analisado de forma científica. Então cabe cada um julgar se faz ou não sentindo para si".

Pois, bem! E se a tese de que somos a média das cinco pessoas das quais mais convivemos for verdade? O que fazer quando não se conhece ninguém que tenha os resultados que se deseja obter?

Certa vez, haviam cinco adolescentes em uma pequena cidade do interior da Bahia, que se consideravam praticamente irmãos, eles se reuniam com frequência em suas casas ou em praças para falarem sobre seus sonhos, casos amorosos e festas que tinham interesse em ir ou que tinham ido. Porém, havia um que estava ali naquela cidade por acaso, que sabia exatamente o que queria e estava disposto a fazer o que era preciso para conquistar o objetivo desejado. Um deles trabalhava com vendas porta a porta e mesmo sendo um jovem de origem humilde, e a cidade sendo pequena com pouco menos de 25 mil habitantes, ele sempre tinha dinheiro para fazer o que desejava, e os demais raramente tinham. Dos três jovens, um trabalhava na mercearia do tio e ganhava uma ajuda de custo por semana, um deles fazia meio expediente uma vez por semana em um mercadinho e tinha menos dinheiro ainda do que os outros dois. O outro não fazia nada e dependia de dinheiro dos pais para sair, e tinha um deles que não estava ganhando nada e a família não tinha condições financeiras para ajudar, mais ele sempre dava um jeito e conseguia o que desejava.

Contudo, os dias, semanas e meses foram se passando e novos rumos foram tomando os amigos. O jovem que trabalhava com vendas, no intuito de ganhar dinheiro mais rápido e com menos esforço, se envolveu com um dos tios, que tinha uma quadrilha especializada em roubos de cargas, e começou a assaltar caminhões na BR 101, no interior da Bahia. Logo, começou a andar de moto, roupas de marcas, mulheres e tudo que o dinheiro do crime poderia comprar.

Em seguida, conseguiu influenciar o jovem que não ganhava nada e a família não tinha como ajudá-lo. Nesse momento, os amigos não tinham mais a mesma ligação e cada um seguia rumos diferentes.

O jovem que trabalhava apenas um dia por semana, mesmo ganhando pouco, ele ajudava sua mãe, e o que sobrava, ou melhor, quando restava, ele saía com os amigos. Esse jovem tinha uma visão, uma convicção ardente sobre o que queria ser e fazer profissionalmente.

Esse jovem morava em uma cidade vizinha e havia ido parar ali por acidente. Ele foi para passar um dia naquela cidade e no dia seguinte ele iria para a segunda capital da Bahia, onde iniciaria os estudos que ajudaria o mesmo a realizar os seus objetivos profissionais desejados. Mas como nem tudo sai exatamente como se é desejado, ele acabou ficando ali por falta de recursos, por mais de um ano.

Com os dois dos melhores amigos na vida do crime, começaram a aparecer vários convites com ofertas para ganhos de dinheiro fácil e rápido. A tentação era grande, pois eram momentos difíceis e a escassez de dinheiro era maior ainda. Mas ele se manteve firme, na decisão de não fazer parte daquele grupo, pois iria contra os princípios que ele havia aprendido antes de chegar ali naquela cidade e conhecer aqueles amigos que poderiam ter influenciado ele para seguir a vida do crime.

O jovem que já estava louco para sair daquela cidade, agora tinha um motivo ainda maior. Por fim, ele conseguiu seguir seu destino através da ajuda de uma das tias que morava em outro estado, e assim foi ele em busca de seus sonhos, como deveria ter acontecido um ano antes. Ele estudou o que desejava e conseguiu parte dos seus objetivos, realizando então suas metas pessoais. Uns cinco anos depois, em uma conversa com um dos dois amigos que também foram fortes e haviam conseguido resistir à tentação de seguir a vida do crime, ele ficou sabendo que o amigo que havia sido influenciado por outro, havia sido morto quando estava tentando roubar uma carga na BR 101, em um confronto direto com policiais ele foi baleado, e mesmo sendo socorrido, passando por cuidados médicos acabou não resistindo e foi a óbito. Ali estava indo embora um jovem cheio de sonhos! Isso tudo por ter escolhido um caminho rápido para ganhar dinheiro. Os dois jovens que resistiram ao caminho do crime encontraram belas esposas e levaram uma vida normal com emprego e família. O outro que era vendedor e sobrinho de um dos chefes da quadrilha que foi o primeiro dos amigos a ir para a vida do crime, não se sabe do paradeiro até hoje.

O jovem que desde cedo sabia o que queria, entendia que para isso precisaria ir para outra cidade se profissionalizar e mudar também de amizades, conseguiu realizar suas metas. Hoje, é dono de uma das agências de marketing mais conceituadas do município em que mora, e é autor de um livro que tem ajudado empreendedores, empresários e jovens a tomarem as decisões mais assertivas para impulsionar o crescimento e as vendas dos seus negócios. Tendo a probabilidade real de contribuir com informações para ajudar este empreendedor que está fazendo está leitura agora, a fazer melhores análises sobre empreendedorismo, ou incentivar o mesmo a iniciar um negócio novo. Você é o empreendedor! E o jovem é o autor deste livro.

Essa pequena história, desses cinco amigos mostra que, na maioria das vezes, que se alguém continuar fazendo as coisas do jeito que sempre fez e andar com as pessoas que sempre andaram, os resultados serão sempre os mesmos e a média de quem mais convive.

Nos capítulos seguintes mostrarei com mais clareza o que ajudou o jovem a se manter firme no seu propósito, sem se desviar do caminho e conseguir o objetivo desejado.

Se o seu negócio faz isso ele está em apuros

A história no mundo dos negócios tem mostrado através dos casos de sucesso e insucesso que a maioria das novidades que são inovadoras e fora da realidade de alguns empresários, costumam rejeitar. Temos observado também, que esse tem sido um dos maiores motivos que levaram algumas empresas à falência e outras estão correndo o risco de serem extintas do mercado. Por outro lado, temos percebido várias empresas com pessoas notáveis de conhecimentos e genialidade fazendo história nos negócios em escala global. Como é o caso das empresas UBER, Airbnb e outras. Terá um capítulo neste livro que serão mostrados alguns dos padrões que contribuirão no crescimento dessas empresas.

"No século XXI existem duas categorias de negócios, os que estão conectados e os que estão com os dias contados".

Veremos nesse momento, a história de três grandes empresas que até recentemente eram conhecidas no mundo inteiro, e dominavam o mercado nos seus seguimentos de atuação. Mesmo assim foram engolidas por projetos que seguiram as tendências e as novas formas de se fazer negócios.

A Kodak era uma empresa de grande sucesso, conhecida e reconhecida no mundo todo. Ela sucumbiu a partir do negócio de máquinas digitais, destruindo o império que ela havia construído por décadas através da comercialização de máquinas fotográfica e de filmes para impressão de fotos.

Vamos descobrir o que contribuiu com a falência da Kodak, e através deste exemplo, o empreendedor terá uma clareza maior para a contribuição no crescimento do seu negócio, evitando ficar atrás dos seus principais concorrentes.

A Kodak foi fundada em 1880 nos Estados Unidos, quando George Eastman desenvolveu um papel que podia ser coberto de emulsão fotográfica. Estava criado o papel fotográfico que foi aprimorado nos anos seguintes. Em 1888 a Kodak lançou o primeiro rolo de filme comercial e a primeira máquina fotográfica, que foi sucesso absoluto.

A história da Kodak foi marcada por inovações e produtos de sucesso. Desenvolveu milhares de produtos para as mais diversas áreas da fotografia. A empresa atingiu o ápice na década de 70, chegou a obter 90% do mercado de filmes e 85% de câmeras fotográficas nos Estados Unidos. A empresa era sem dúvida, a que tinha a maior presença no mundo da fotografia global. Na época ela chegou a ter 100.000 funcionários.

O detalhe que ela não deu a atenção devida: um engenheiro da Kodak, Steve Sasson em 1975 criou o modelo da primeira câmera digital, e apresentou para a Kodak. Mesmo a empresa vendo como uma grande invenção, ela não conseguiu visualizar o mercado que iria se tornar no futuro e que nesse exato momento é uma realidade. A Kodak viu aquela invenção como uma grande ameaça a maior fonte de renda da empresa, o filme fotográfico. Ela chegou a produzir a tecnologia digital, porém, não com tanto foco como deveria, se soubesse para onde o mercado caminharia.

Não demorou muito e nos anos 90 começou a dar os primeiros sinais de declínio progressivo, e em 2012 entrou com pedido de falência. O principal produto da empresa, os filmes e revelações de fotos, foram perdendo mercado para as máquinas digitais. Conclui-se então, que a falência da Kodak foi devida à função da fotografia digital ter ganhado o mercado que era das máquinas tradicionais das quais dependia de filmes.

E na sua opinião? Você julga que esse foi o real motivo dela ter perdido mercado?

O que podemos aprender nessa história, é que mesmo o negócio estando estabilizado sendo grande ou maior do seu seguimento de mercado, ele precisará estar sempre aberto às mudanças, continuar se atualizando, investir no aperfeiçoamento do produto principal e em desenvolvimento de novas tecnologias, pessoas e marketing. Porque se parar de inovar, quando for fazer, poderá ser tarde demais.

A Kodak, por exemplo, não investiu na nova tecnologia quando teve a oportunidade, por não entender a velocidade que o avanço tecnológico teria nos anos seguintes. A Kodak era uma empresa inovadora e industrial do século XX que tinha pensamentos e comportamentos de empresas da época, em que as mudanças de mercado ocorriam lentamente, e geralmente eram dominados por grandes corporações mundiais. Os líderes da Kodak foram incapazes de perceber naquele momento que a foto digital não seria mais um produto, e sim uma mudança drástica no comércio da fotografia que revolucionaria o jeito como as pessoas tiravam fotos e como influenciaria toda uma nova geração de tecnologias.

Vivemos em um momento em que as grandes empresas se tornam pequenas, ou simplesmente somem do mercado em questão de meses. Novas aparecem e assumem a liderança de negócios que na maioria das vezes são inexplorados.

Talvez você esteja se perguntando nesse momento: mas como evitar o efeito Kodak nos negócios? O que será preciso fazer para não ficar para traz ou sair do mercado? Nos capítulos seguintes serão explicados em detalhes o que poderá ser feito, através de experiências práticas, técnicas e comportamentos de mercado das pessoas e das empresas de sucesso.

Empresa Blockbuster. Nessa história, será compartilhado o caso de uma empresa que teve a oportunidade de continuar posicionada no seguimento da qual ela dominava. Mas, assim como Kodak, ela estava com a mentalidade de uma empresa do século XX, e não conseguiram visualizar a tendência que o mercado seguiria. Por falta de uma visão clara sobre as novas tecnologias, foram massacradas por uma nova forma de se fazer o mesmo negócio. O mais engraçado de tudo, é que quando a empresa teve a oportunidade de inovar, além de não aceitarem, acabaram rindo dos empreendedores que levaram a proposta para eles. Hoje os empreendedores que não foram levados a sério, têm a maior empresa de filmes online do mundo, com mais de 115 milhões de assinantes, e a marca vale mais de 100 bilhões de dólares no mercado.

Estamos falando da empresa americana Blockbuster. Ela foi uma empresa criada no ano de 1985 e era um marco na vida de quem gostava de um bom filme. Ela era uma das gigantes no setor de entretenimento e querida dos investidores. A empresa era pioneira no mundo em serviços de provedores voltados para aluguel de filmes e games. Essa empresa teve o maior pico de crescimento em 2004, chegando a quase 10 mil lojas, e o valor da marca no mercado era estimado em bilhões. No entanto, apesar do sucesso, a Blockbuster foi rapidamente da ascensão à queda, em questão de pouco tempo, por conta da oportunidade que haviam recusado. Os CEOS da Blockbuster que riram da cara dos empreendedores, mal sabiam que a forma de ver filme sofreria uma mudança drástica, através da nova proposta de mercado da empresa que é hoje mundialmente conhecida por NETFLIX.

A NETFLIX está atualmente entre as marcas mais valiosas do mundo do entretenimento, superando a Disney. A empresa Blockbuster que era a maior do seguimento de filmes, antes no mundo, começou a perder espaço de mercado e a Netflix assume a posição que antes era deles.

A Blockbuster fecha as portas, depois de correr contra o tempo para inovar e se manter no mercado. Mas assim como diz o dito popular:

"A flecha lançada e a oportunidade perdida, não tem como ir atrás e recuperá-las".

Essa história mostra de uma forma clara e simples que toda empresa precisa estar sempre inovando, seja no produto, processo de marketing ou em vendas. Porque a inovação é o principal aliado do crescimento dos negócios bem-sucedidos.

Reflexão: E, se existisse um padrão que ajudasse os empreendedores a visualizar o que de fato é oportunidade e o que não é, seria interessante? Sabemos que, na prática, ninguém deseja perder dinheiro, mas a questão é por que ainda muitas pessoas perdem tudo que tem?

A partir dos capítulos seguintes mostraremos um padrão que ajudará o empreendedor visualizar melhor as oportunidades de negócios que chegam até ele, e, ao mesmo tempo, perceber quando não serão bons investimentos a longo prazo.

Análise da trajetória de altos e baixos da empresa Yahoo

Nesse caso o empreendedor perceberá que mesmo sendo líder absoluto do seu seguimento, ainda assim, será preciso ficar atento às mudanças e tendências de mercado. Ou ficará para trás.

Fundado em 1994 por Jerry Yang e David Filo, o Yahoo foi o grande caso de sucesso da internet mundial no fim dos anos 90 e início dos anos 2000. Nos tempos de glória, o valor de mercado da empresa chegou a US$ 125 bilhões. O Yahoo foi criado para ser um agregador de links e depois com a evolução se tornou um portal de conteúdo. O Portal era a porta de entrada da internet para os usuários em todo o mundo. Ele tem uma história repleta de sucessos e fracassos. Através dos erros que na maioria das vezes são cometidos por vários empresários. Exemplo disso, o fato de algumas essas empresas acreditarem que estão blindadas, que são um império inabalável, e este é um motivo que acaba deixando algumas se acomodarem na zona de conforto, perdendo algumas oportunidades que chegam até elas. O Yahoo, por exemplo, teve a oportunidade de comprar a empresa Google quando foi ofertada para eles por apenas US$ 1 milhão, mas eles recusaram pelo fato de estarem na zona de conforto, por acreditarem que eram inabaláveis e a prova de inovações. Eles não conseguiram visualizar o que a empresa Google iria se tornar, não deram o crédito devido, e o Google veio contribuindo para a mudança na forma como as pessoas pesquisam para encontrar o que desejam. O Google se tornou uma das maiores tendências do mercado, assumindo o controle principal dos mecanismos de pesquisas online do mundo.

O Yahoo teve também a oportunidade de comprar o canal de vídeos que hoje é conhecido mundialmente como YouTube, e não compraram, deixando outra vez a chance passar diante de suas mãos, perdendo por não conseguirem visualizar o grande negócio que iria se tornar.

Quando o Yahoo se deu conta de que estava perdendo grandes oportunidades de negócios, por estarem fechados em seu mundo, decidiram começar a se abrir para novas plataformas. Quando então foi feito um investimento na empresa Flickr. Um site da web voltado para hospedagem e compartilhamento de imagens, fotografias, desenhos e ilustrações que permitia novas maneiras de organizar as fotos e vídeos dos usuários. Mas não foram bem-sucedidos em seu investimento, e o Flickr não teve o crescimento esperado. A empresa Yahoo fez outros investimentos, mas não foram bem-sucedidos. A empresa que era o maior império na web, que havia chegado a valer US$ 125 bilhões em seus áureos tempos começa a cair o valor no mercado.

A Microsoft por sua vez, fez uma investida tentando comprar em 2008 a empresa por US$ 44 bilhões e o conselho do Yahoo rejeitou a oferta. Segundo eles por acreditarem que a empresa valia mais do que o valor ofertado. Tempos depois, a Verizon, uma empresa de telefone celular dos Estados Unidos anunciou a compra do Yahoo por US$ 4,8 bilhões. A partir desse momento foram feitas algumas alterações na empresa e ela passou a valer US$ 40 bilhões e isso se deve ao fato dela ser dona de 15% da marca Chinesa Alibabá e por ter uma audiência considerável no Yahoo Japão.

Ufa! Quantas lições podem ser tiradas dessa experiência do Yahoo? Várias, certo? Pois, bem! Podemos entender que não existem empresas ou empreendedores a prova de inovações, assim como não se discute contra fatos, pode se dizer que contra tendência também não se argumenta, e sim, se segue.

O Negócio fantasma: Pesquisas do SEBRAE informam que a maioria dos negócios fecha antes dos dois anos, deixando vários questionamentos a serem respondidos. Como, por exemplo, por que será que a maioria dos empreendedores fecha os negócios nos primeiros anos de existência? Mesmo tendo ele investido todos os recursos, energia e tempo que tinha disponível? Esse fato tem sido motivo de muitos questionamentos e busca por respostas, por parte de especialistas do seguimento empresarial e por pessoas que já passaram por isso buscando aprender com os seus erros.

Talvez você possa pensar nesse momento... certo, e o que poderá ser feito pelos empreendedores para se prevenirem? Pois bem, será justamente sobre isso que iremos ver agora. O quê de fato acontece na prática, que leva tantos empreendedores a falência.

A jornada do empreendedor sabe tudo

Uma vez, um rapaz que havia acabado de sair de uma grande firma em que ele trabalhou por quase 10 anos como soldador, pegou o tempo de casa no valor aproximado de 40 salários-mínimos, e decidiu abrir um negócio por conta própria. Ele estava decidido a não trabalhar mais para os outros e sim para ele mesmo.

Dias depois, lá estava ele, iniciando o seu primeiro negócio, todo alegre, entusiasmado e cheio de energia para iniciar sua jornada empreendedora. Ele alugou um ponto no bairro em que morava, comprou os móveis, personalizou o local para ficar do jeito que ele precisaria para iniciar as atividades, e investiu em produtos para compor o estoque e a vitrine. Ele investiu todos os recursos que tinha para aquele negócio dar certo, dois meses depois, já estava a loja funcionando, esperando os primeiros clientes. Algumas pessoas passavam na frente, parando para ver as novidades que a loja estava trazendo para o bairro. O primeiro mês se passou e as despesas da loja chegaram: aluguel, contador, energia, água e salário do funcionário. Foram feitas as contas do que foi vendido e foi contabilizado todo o custo operacional que a loja tinha e foram pagos. Ufa! A loja havia passado pelo primeiro mês, bem apertado! Mas sobreviveu ao próximo mês de trabalho e continuava sendo aberta todos os dias e meses. Chega então o mês sete, mas algo não estava tão favorável quanto nos outros, pois aquele mês o empreendedor não teria mais como contar com o auxílio-desemprego e a loja precisaria pagar os custos operacionais e render lucros. Então, quando as contas chegaram, foram pagas e restou um lucro para o empreendedor cerca de dois salários-mínimos. Porém tinha um problema que ia fazer com que a dívida dele não fechasse. Ele estava acostumado a receber quatro salários-mínimos, então, iria ter que sobreviver aquele mês com dois a menos. Por ele tudo bem, mas logo começaram a vir as cobranças de todos os lados, da família e dos cobradores de dívidas. O empreendedor já estava ficando sem saber o que fazer para cumprir com os seus compromissos, foi quando ele teve a ideia de pegar dinheiro emprestado no banco a juros de 6% ao mês.

Sendo assim, ele conseguiu aliviar um pouco a situação. Mas nos meses seguintes ele teria problemas ainda maiores, e mais uma vez o fechamento das contas na loja não foi tão promissor quanto ele esperava. Tinha também as prestações do empréstimo para acertar. E dessa vez, ele se viu literalmente, no fundo do poço, sem saber o que fazer para acertar todas as contas. Foi quando ele ficou sabendo que tinha uma empresa contratando empregados para trabalharem como soldador, e como era a profissão que ele havia trabalhado por mais de dez anos, ele logo aceitou, pois, era a única solução que ele via para ajudá-lo naquele momento. A loja continuou aberta com um funcionário trabalhando, mais o empreendedor viu o faturamento caindo cada vez mais e as contas continuavam não batendo como ele esperava. O empreendedor não conseguia mais visualizar o negócio como antes, não tinha mais o mesmo entusiasmo do início, e por este motivo decidiu fechar a loja.

Ali estava indo embora o sonho de um homem, que mesmo tendo lutado com todas as forças para abrir e manter o negócio crescendo, ainda assim estava sendo obrigado a fechar as portas, e o pior de tudo é que aqui no Brasil, histórias como está tem sido muito comum, praticamente "normal". Será que isso está certo? Com certeza Não! O que o empreendedor pode fazer para evitar esse fim para o negócio dos sonhos?

Nessa história, podemos perceber vários detalhes importantes que deveriam ter sido observados e praticados pelo empreendedor antes de abrir o negócio, pois isso o ajudaria a sobreviver às adversidades que são impostas principalmente para quem está iniciando.

Nos capítulos seguintes deste livro, vamos falar exatamente o que um empreendedor precisa saber antes de abrir um negócio, e se já estiver algum, o que poderá ser feito para evitar a falência.

Será mostrada também a história de um empreendedor brasileiro que passou por situações parecidas, e que por um detalhe muito interessante que fez toda a diferença naquele momento, ele conseguiu recuperar-se e hoje é um dos maiores empreendedores em seu seguimento.

A pressa e as armadilhas do imediatismo

Aconteceu comigo. Em 2009 havia ido para são Paulo para estudar marketing e depois de alguns anos eu tinha adquirido o conhecimento do qual eu tinha interesse. Nesse período estava conversando com um amigo que havia feito na cidade em que eu morava, em Guarapari ES, antes de ir para São Paulo. Nessa época ele trabalhava no Bradesco e assim como eu, ele era uma pessoa empreendedora, visionária e estava querendo fazer acontecer.

Eu que tinha ido para estudar e desejava voltar quando acabassem os estudos, já não pensava mais da mesma forma, pois havia visto ali, naquela cidade, grandes oportunidades de crescer e colocar em prática tudo o que havia estudado. Sentia que pelo motivo da cidade ser grande e, ao mesmo tempo, considerada a terra das oportunidades, ali estava a minha também.

Mas, meu amigo por não visualizar o mesmo que eu, via mais oportunidade no local em que ele morava, e por perceber que na cidade não tinha muitos profissionais nem agências de destaque para promover o marketing das empresas locais, ele sentia que poderíamos então abrir nossa própria agência ali, que iriamos obter grandes resultados.

Quando ele me fez essa proposta de voltar para Guarapari com esse propósito, devo confessar que relutei por uns três meses. Pois, eu queria ficar em São Paulo. Mas comecei a refletir sobre tudo que precisaria para abrir uma agência e percebi que não tinha capital para fazer isso estando só. Por outro lado, ele estava se comprometendo em fazer o investimento necessário para nós iniciarmos. Acabei aceitando voltar para Guarapari com esse propósito. Porém, quando cheguei, as coisas tomariam outro rumo do qual não estávamos esperando, e tudo aconteceria de uma forma bem diferente do previsto.

Meu amigo havia conhecido uma proposta que geraria lucros rápidos e muito dinheiro para ele em pouco tempo. Ali estava indo embora o meu plano de abrir a agência naquele momento. Foi o que ele fez! Ele pegou todos os recursos que tinha para investir em nosso negócio e investiu nessa outra proposta. Logo ele começou a ganhar uma grana absurda, em pouco tempo, até me chamou para investir com ele, mas, eu por não visualizar a proposta como um projeto de longo prazo, não me senti à vontade para fazer parte do negócio. Ele até se ofereceu para investir em meu nome, mas eu recusei. Meu amigo começou a faturar muito dinheiro, diariamente. A partir deste momento ele comprou o primeiro carro SUV do qual foi investido na época uns R$ 120.000 adquiriu praticamente a vista. Em seguida comprou uma moto hornet, um apartamento e investiu também em imóveis na planta, estava vivendo uma vida dos sonhos e tudo isso antes mesmo de completar os 30 anos.

Eu, por outro lado, havia decidido continuar na cidade e continuava minha vida de forma simples e sempre em busca dos meus objetivos. Ele chegou a ganhar uns R$ 800.000,00 em menos de um ano. Algo que chamou atenção de praticamente toda a cidade. Tinha virado a estrela da vez, todos queriam estar com ele, de homens a mulheres.

Mas assim como o dinheiro veio rápido, ele foi mais rápido ainda, em questão de dias os negócios começaram a dar errado para ele e automaticamente ele foi caindo no escalão das finanças até perder todos os investimentos que havia feito e precisava voltar outra vez para a vida que tinha antes, recomeçando do zero. Porém, com o psicológico abalado, ele demorou bastante tempo para recuperar-se e ir para o campo de batalha indo em busca dos seus sonhos com a mesma garra de antes.

Essa história mostra que é preferível crescer de forma consciente, com os pés no chão, fazendo aquilo que tem a ver com o seu propósito de vida e com o que a capacidade de cada um possibilita, do que fazer algo simplesmente porque está gerando ou poderá render muito dinheiro. Pois, quando isso acontece, do mesmo jeito que levou alguém em questão de dias ao auge da fama, poderá no outro perder tudo e ficar pior do que era antes.

Capítulo 2. Divulgação é a alma do negócio?

Sim e não! Sim, porque um negócio que não é visto por ninguém não sobrevive. E não, porque de nada adiantará todas as pessoas de uma região conhecer o negócio e não acharem o mesmo relevante o suficiente para comprarem o que é ofertado.

Por exemplo, na cidade em que eu moro atualmente, existe um cantor que é conhecido por praticamente todos os moradores, e inclusive foram feitos filmes com ele, sendo o próprio, o artista principal. E o filme levou o nome dele. Ele tem composições cantadas por várias pessoas do município e vídeos na internet com milhares de visualizações, é considerado um ícone vivo da cidade, e provavelmente você esteja louco para conhecê-lo, e quem sabe até pegar um autógrafo certo? Se sim provavelmente desistirá quando souber da história completa. Pois, bem! Esse cantor embora sendo conhecido por todos e querido pela maioria, ainda assim vive em péssimas condições financeiras e depende das vendas de picolé na praia e comércios para sobreviver. Na maioria das vezes, as pessoas pulam direto para a publicidade e se esquecem de alinhar a base. Essa história mostra claramente que a divulgação não é o fator principal para o êxito nos negócios, porque se fosse nosso amigo cantor ganharia muito dinheiro.

As armadilhas das propagandas inadequadas

No comércio em geral, pode-se perceber vários empreendedores, principalmente os mais tradicionais, gastando muito dinheiro com publicidades, das quais na maioria das vezes, não conseguem mensurar os resultados. Não sabem se está gerando receita ou não através delas, mas os fazem por questões de crenças.

Quando se é feito uma análise detalhada, poderá ser percebido que na maioria das vezes, aquela mídia, embora tenha sido um dia relevante, já não é mais por terem se tornadas obsoletas, grande parte se deve ao fato das inovações tecnológicas que as pessoas têm à disposição na palma das mãos.

Serão mostradas algumas mídias que são bastante utilizadas por grande parte dos empresários. Mostraremos alguns pontos fortes e fracos para o empreendedor analisar, e assim, conseguir escolher as melhores estratégias para ajudar no crescimento dos seus negócios.

"Eu creio que todo empreendedor deveria antes de tudo, tornar-se especialista em duas habilidades! A habilidade de comprar e a de vender".

Costumo perceber com frequência, que são poucas as pessoas que são boas em vendas e menos ainda em comprar. Talvez um dos motivos seja devido à cultura, pelo fato do que é ensinado nas escolas, ou melhor, pelo que não são ensinados. Eu creio que a habilidade de comprar e vender seja uma arte, e que deveria ser ensinada dentro das delas.

Normalmente as pessoas gostam de fazer compras e isso é um fato. Porém, são poucas as que sabem comprar com inteligência. A maioria compra através da emoção e tentam justificar usando o raciocínio lógico do porquê comprou.

Normalmente os empreendedores recebem ofertas relacionadas a marketing, mídia, imprensa e propaganda o tempo todo. Cada uma com uma metodologia e forma mirabolante para divulgar o próprio negócio. Na maioria das vezes, acabam sendo seduzidos por vendedores que são excelentes no que estão fazendo, com uma comunicação persuasiva e cheia de argumentos.

Existem muitos promotores do sepulcro caiado (lindos por fora e podres por dentro). Normalmente quando um empreendedor que não está atento a todas as informações sobre seu negócio e o público-alvo acaba comprando um pacote de mídia que na maioria das vezes não funcionará para aquele nicho do mesmo.

Uma vez um empreendedor estava investindo muito dinheiro com ações de panfletagens, mas não estavam gerando resultados e não estavam dando nem para cobrir os custos das ações. Ele imprimia mais de 10 mil panfletos por mês e distribuía na sua região, e como a ação não estava surtindo efeito nas vendas ele começou a acreditar que panfletagem não gerava resultados. Tempos depois ele decidiu investir em uma consultoria de marketing para ajudá-lo a aumentar as vendas, e em um determinado momento o consultor indicou que o empreendedor criasse panfletos para ajudar a loja vender um produto que estava encalhado, e automaticamente ele se recusou, dizendo que aquilo não funcionava, havia sido criada ali uma resistência. O consultor sugeriu um desafio para o empresário; ele se propôs em criar a ação por conta própria, assumindo todos os riscos do investimento, caso desse errado, e se desse certo o lucro seria dividido entre eles. E assim, foi feito. O consultor fez apenas 500 panfletos para serem distribuídos. A sacada maior do consultor é que antes de criar ou sair distribuindo os panfletos, ele foi estudar e analisar o público-alvo do negócio e em específico o produto em questão, entendeu melhor sobre qual a faixa etária, local onde eles circulavam mais e o horário em que estavam mais próximas do comércio.

O consultor conseguiu estes dados usando o gerenciamento de publicidade da Fanpage dentro do Facebook, lá ele pegou informações através da ferramenta de análise de comportamentos dos usuários. Através delas, ele conseguiu criar um panfleto que despertasse mais a atenção do público-alvo com o foco de aumentar a conversão em vendas. Ele soube exatamente onde o público estava. O que eles gostavam e como reagiriam ao visual do panfleto, o consultor colocou uma comunicação direta e clara, com informações precisas no que ele tinha interesse de vender e o resultado foi muito positivo. Aí então, o objetivo foi alcançado rapidamente.

Portanto, mostraremos umas dicas úteis para uma boa panfletagem! Pois, para alguns negócios ainda funcionam bem, mas será preciso tomar alguns cuidados específicos.

1. Ter uma comunicação objetiva e clara na mensagem.
2. Deixar o número de contato bem perceptível, de preferência o celular com Whatsapp e link para as plataformas digitais.

3. Criar um design profissional com cores que ajude na identificação da mensagem.

4. Colocar pessoas treinadas, responsáveis e de confiança para entregar.

5. Saber o local e o melhor horário para começar a ação. Isso poderá fazer toda a diferença.

6. Saber se o público-alvo conseguirá ser alcançado com a ação.

Divulgar em rádio, ainda está valendo a pena? Essa é sem dúvida uma boa pergunta e fácil de responder. Pense rápido. Quantos amigos você conhece que ouvem rádio? E você? Ainda escuta? Se responder que sim e conseguir pensar em pelo menos cinco amigos que também ouvem, então seja provável que para o seu negócio em específico seja viável. Porém, se não ouve e não conseguiu se lembrar de ninguém, então não adianta divulgar que perderá dinheiro e não alcançará o resultado desejado.

Uma vez, eu estava em sociedade em um negócio de franquia de cosméticos com um amigo, e chegou um radialista para tentar nos vender um pacote de mídia na rádio em que ele trabalhava. Então eu fiz as seguintes perguntas para ele. Pois, bem Senhor, me tira algumas dúvidas antes de contratar o serviço. **Primeira dúvida**: quantas pessoas ouvem esta rádio aqui no município? Nesse momento ele não conseguiu me falar com propriedade a quantidade de pessoas, o município tinha uma média de 120 mil habitantes e a rádio era a mais conhecida da cidade, e inclusive era uma franquia de uma emissora nacional. Ele respondeu dizendo que a mesma tinha um alcance de uns 10 mil ouvintes por dia. Então eu questionei se ele tinha algum sistema para informá-lo com precisão quantas pessoas ouvia o programa dele, e ele mais uma vez não soube responder com convicção, apenas disse algo do tipo que o IBOPE (Instituto Brasileiro de Opinião Pública e Estatística) é quem media.

O Brasil tem mais de 200 milhões de habitantes e o IBOPE tinha cerca de três mil aparelhos espalhados pelo Brasil para mensurar os dados, logo, não tinha como saber com precisão a quantidade de pessoas ouvindo a rádio. A verdade é que o IBOPE não conseguia mensurar com precisão nenhuma informação referente à quantidade de pessoas que viam TV ou rádio e muito provável que até o momento em que você esteja lendo este livro ainda continue assim. Aconteceu que não fechamos a propaganda com ele, pelo simples fato de que conhecíamos outra forma de promover nosso negócio com um poder maior de alcance e de forma específica só para quem já tinha interesse nos nossos produtos, com menos investimento e focado só nas pessoas da cidade que era o nosso objetivo naquele momento.

A outra vantagem é que iríamos obter todos os dados para mensurar com precisão as taxas de conversão da propaganda e saberíamos quantos % iriam aderir à oferta. Tudo isso com menos investimento do que a que havia sido proposto pelo radialista.

Nos próximos capítulos deste livro falaremos melhor sobre essa mídia e como o empreendedor poderá se beneficiar.

Então se alguém tentar te vender alguma mídia de rádio, faça a ela estas perguntas e evite gastar dinheiro em algo que não vai te ajudar aumentar o faturamento, nem melhorar o posicionamento de mercado de sua marca. Pergunte para ao vendedor de mídia, por exemplo, sobre quantas pessoas ouve a rádio que ele trabalha? Se ele responder algum número, pergunte para o mesmo quantos % em cima da quantidade dos ouvintes que ele falou conseguiria tomar alguma ação referente à oferta feita na propaganda? A outra pergunta seria em cima dessa quantidade de pessoas citadas, quantos % deles se adéquam a realidade do público-alvo do negócio?

Bom! Eu creio que nesse momento o vendedor de mídia já iria estar muito bravo com você e muito provável que ele irá se enrolar todo para responder. Mas caso ele responda com convicção certamente ele se modernizou e poderá te ajudar!

TV Local: na maioria dos municípios que tem acima de 100 mil habitantes, costuma ter sempre uma TV. E elas, assim como as rádios, dependem de mídias para sobreviverem. Por esse motivo, tentam vender pacotes de propagandas a todo o momento. O fato é que a maioria delas não tem a audiência que desejam para se tornar relevante para o empreendedor que deseja promover o negócio. Normalmente essas TVS ainda têm menos audiência do que as rádios, e um dos motivos é que para alguém conseguir assistir a esse canal, precisa ter uma antena específica, ou uma assinatura de TV fechada. O outro fator é que os donos de TVs não conseguem criar programas de qualidade que desperte o interesse dos moradores do município.

Contudo, se algum dia um promotor tentar te vender propaganda, faça as mesmas perguntas feitas para o radialista, e em seguida esses questionamentos: eu vejo essa TV local? Conheço pelo menos cinco ou mais amigos que veem? A partir desse ponto você terá a própria resposta.

Carro de som: divulgação deste ainda está valendo à pena? Existem várias considerações a serem feitas sobre essa publicidade. Apesar de ser muito utilizado por vários empresários locais, existem as vantagens e desvantagens.

1. Uma delas é que em vários lugares já está sendo proibido.
2. Dificilmente se consegue alcançar o público-alvo.
3. A comunicação na maioria das vezes é transmitida de forma incompleta.
4. Não dá para mensurar o valor investido (X retorno).
5. Público específico não alcançado.
6. Na maioria das vezes sai mais caro do que anunciar em mídias mais modernas.

Divulgação em Outdoor: esse formato de mídia é ideal para empresas que já estão estabilizadas no mercado e desejam fazer promoção de um produto ou serviço que já são conhecidos pela população, ou propaganda de eventos com cantores renomados.

Por ser uma publicidade que as pessoas normalmente irão ver quando estão passando de carro, elas precisam ser diretas ao ponto, ou seja, o público precisa conhecer a marca e o produto em cartaz. Nesse caso, o que será promovido é a promoção e a data do acontecimento. Sendo assim, a conversão será maior.

"O segredo do sucesso das ações de mídias se encontra em conhecer o negócio, a eficiência da ferramenta e a necessidade do público-alvo".

O ideal será o empreendedor conhecer bem a mídia, antes de investir recursos e tempo. Quando entender as funcionalidades e as métricas em questão, saberá se é viável ou não para o negócio.

Para refletir! Você já parou para se perguntar o porquê não vemos o carro Ferrari nem Lamborghini sendo divulgadas em TV?

Outra reflexão! Quantos milionários ficam vendo TV aberta? Não sei você, mas eu nunca vi pessoas bem-sucedidas vendo TV. Pois, bem! O que podemos entender é que, quem tem dinheiro para comprar um carro de algumas dessas marcas não estão na frente da TV esperando a vida passar! E sim está fazendo a vida acontecer, certo? E o que isso tem a ver com o teu negócio. Posso dizer que tudo! Pois, na hora que for escolher alguma divulgação, precisará se certificar de que o público-alvo do negócio será alcançado e impactado pela propaganda feita.

Capítulo 3. A construção da base.

Se perguntar para algum construtor do simples ao especialista, onde eles gastam mais tempo e investimento na construção de uma casa ou prédio, eles responderão sem dúvida, que é na base.

Na vida pessoal, também não é diferente. Pois, um aluno por exemplo, fica em média 11 anos na escola para formar ali os primeiros ensinamentos para a vida, depois fica em média quatro anos para se profissionalizar em uma faculdade, dois anos em uma pós-graduação. E, se fosse colocar na ponta do lápis muito provável que a conta não seria diferente do construtor.

Nos negócios acontecem fenômenos parecidos. Porém, muitos empreendedores não entendem esses padrões e acabam desistindo na primeira tentativa da qual decidem empreender.

O fato é que a maioria começa do jeito errado e por não entender que existe o tempo para plantar e o da maturação ou construção da base que normalmente leva-se um maior tempo para isso acontecer, desistem e ali acaba mais um sonho.

Se você está empreendendo ou deseja iniciar nessa jornada rumo a realização dos seus sonhos, provavelmente está se perguntando sobre o que fazer para superar as dificuldades e vencer os obstáculos impostos no caminho.

Nesta etapa vamos fazer algumas observações sobre a importância do **marketing e da publicidade** através de algumas histórias que possibilitará o empreendedor ter uma visão mais ampla do que é preciso para obter os resultados desejados com menos probabilidade de dar errado.

Antes de iniciar nesse processo é importante fazermos algumas observações, das quais na maioria das vezes elas são mal compreendidas, trocadas e até usadas de forma inadequadas.

Responda se conseguir! Qual dos dois deve-se usar no início do negócio? O marketing, a propaganda ou nenhum dos dois? Para algumas pessoas essa pergunta é fácil de ser respondida, para outros serão geradas várias dúvidas e algumas até poderão dizer que nenhuma delas.

O Marketing deve estar presente na construção do negócio, na criação do produto, antes mesmo de ser apresentado para o público-alvo, precisa ser analisada por um especialista em marketing daquele seguimento em especial.

"Especialista em marketing é todo aquele que tem domínio sobre a construção e continuidade de um negócio, independente do seguimento".

Uma vez, três amigos empreendedores receberam um dinheiro a mais de alguns negócios que haviam feito e decidiram investir em imóveis na cidade em que moravam. A cidade era uma cidade turística e tinha pouco mais de 120 mil habitantes.

Um deles comprou um terreno no bairro em que morava, contratou um pedreiro. O pedreiro fez uma lista do que precisava para fazer a obra, conforme o que o empreendedor havia pedido. Depois de um tempo a obra estava feita.

O segundo empreendedor comprou um terreno em outro bairro, contratou um arquiteto e pediu sugestão de modelos de casa que seria mais viável e rentável para construir ali. O arquiteto apresentou alguns modelos e eles decidiram começar a construção, seguindo o projeto que foi feito. Como resultado, a obra ficou pronta e muito bonita.

O terceiro empreendedor fez diferente dos outros dois, ele contratou um analista imobiliário e pediu sugestão de quais bairros na cidade tinham terreno barato para investir, com a probabilidade real de rentabilidade em pouco tempo. O corretor por sinal tinha uma ótima oportunidade para ele, e indicou em um bairro que iria ser construída a rodoviária, um posto de gasolina e uma lanchonete do McDonald. O empreendedor comprou o terreno seguindo a orientação do analista, e também contratou um arquiteto, pediu as orientações devidas e ali foi construído um conjunto de duplex. Em um terreno ele dividiu em dois e fez duas casas duplex no mesmo.

O resultado disso foi que o primeiro empreendedor gastou entre o terreno e a construção em torno de R$ 100 mil, e a casa dele do jeito como havia ficado e por questões de valorização do bairro, ele conseguiria no máximo R$ 130 mil no patrimônio.

O segundo empreendedor tinha investido em torno de R$ 130 mil, e o patrimônio foi avaliado em R$ 260 mil, depois da construção. Nada mal, certo?

O terceiro empreendedor que havia contratado o analista imobiliário e o arquiteto antes de comprar o terreno e construir, foram investidos R$ 230 mil na construção das duas casas duplex e o patrimônio havia sido avaliado em R$ 900.000.

Esse é um exemplo clássico de que quem tem ou busca informação e usa com eficiência ganha mais dinheiro. Isso mostra também à importância do marketing na construção do negócio e, ao mesmo tempo, responde parte da questão sobre os motivos de muitos negócios fecharem antes dos dois anos.

O marketing poderia ser descrito como: a arte de criar produtos e serviços com os componentes e ferramentas certas, gastando menos para obter mais recursos, eficiência, qualidade e a valorização desejada por parte do público-alvo.

Podemos perceber que o marketing precisa fazer parte do processo da criação de todo produto e serviço. Para cada proposta a ser criada existe um especialista que tem as informações necessárias para criar o que deseja. Após essa consultoria, os riscos do produto ou serviço criado, terá menos probabilidade de ser rejeitado pelo público alvo. A publicidade pode ser descrita como a arte de colocar o produto/serviço a vista do público-alvo de um jeito que desperte o desejo de posse.

O fato a ser considerado antes de iniciar o processo da propaganda, será a qualidade do que está sendo ofertado, e se o mesmo cumprirá a solução da qual está sendo prometida. Outra consideração é se o produto tem um marketing atraente para o público alvo.

No exemplo dos três empreendedores, quem o marketing favoreceria mais? A casa do bairro feito sem análise de mercado e sem acompanhamento do especialista, ou as casas duplex, em um local em franco crescimento construído por especialistas de várias áreas?

Em termo de valorização, sem dúvida a casa duplex. Em termo de conversão, dependeu de como estava sendo a propaganda e se foi definido o público certo para poder alcançar as pessoas com o perfil para cada estilo de casa.

Se a casa do bairro que foi feita pelo pedreiro, por exemplo, estivesse sendo direcionada para investimento, a taxa de rejeição seria quase em 100% o que resumiria em muito gasto, e zero de retorno. Por outro lado, se a residência da comunidade conseguisse se enquadrar no orçamento de pessoas mais simples que desejam mudar para aquela região, a porcentagem conversão por parte de compradores interessados aumentaria significativamente.

No caso das casas duplex, se a propaganda estivesse sendo direcionada para investidor de uma forma que esteja abordando o que está acontecendo no bairro, as construções, o potencial de crescimento e a taxa de conversão em investidores interessados em colocar dinheiro, aumentaria.

O marketing e a publicidade andam juntos, um dependendo do outro para obter o êxito desejado.

Um dos maiores segredos para não quebrar.

Quando se é feito uma análise profunda e detalhada sobre os empreendedores que estão fazendo, ou já fizeram história, serão constatados alguns padrões simples e interessantes! Como, por exemplo, o propósito de vida.

Quando alguém encontra um propósito e transforma isso em um negócio, aumenta drasticamente as probabilidades do mesmo obter sucesso. Pelo simples motivo de sentir que está fazendo algo que vai de encontro com a missão de vida do empreendedor.

Para superar os problemas e realizar a missão.

O empreendedor precisará ter convicção do que deseja conseguir, e fazer visualizações mais precisas possíveis. O mesmo deve ver claramente o que deseja construir. Essa visualização o ajudará a continuar focado e conseguir forças para superar as adversidades.

O caso do sucesso da Coca-Cola, quando analisado de forma técnica e histórica, por exemplo, pode ser observado que **a visão da empresa foi um fator determinante para ter o resultado** que a marca é hoje. A visão da empresa foi criada a uns 80 anos, sendo determinado que: eles tinham como principal meta; estar presente em todos os países, e a cada 100 metros de distância do consumidor tivesse um ponto de distribuição que oferecesse a bebida. O fato é que, nesse momento, a visão da Coca-Cola já é uma realidade à qual podemos encontrar a bebida praticamente em todo lugar.

Uma vez, um homem estava sentado na frente de sua casa em um local afastado da cidade por horas olhando para o horizonte. Em um lugar onde a planície tomava conta da paisagem. O seu irmão percebendo que ele estava quase que paralisado, decidiu chamá-lo para dentro, e ele começa a falar:

- Olha lá, você está vendo? E o irmão olha mas vê apenas o horizonte e pergunta:

- Vendo o que exatamente? E ele responde:

- Olha lá, como são lindas.

- Lindo o que? Ele fala:

- As montanhas! Elas são maravilhosas, e o irmão sem entender nada fala:

- Eu não vejo nada!

O fato é que o irmão não tinha como ver, nem perceber, porque o que estava acontecendo naquele exato momento, era que o empreendedor estava tendo uma visão do que iria se tornar a alguns anos, o que todo o mundo conhece hoje. Como o parque de Walt Disney, a Disneylândia.

O empreendedor Walt Disney idealizou a Disneylândia com o propósito de criar felicidade, em 1955. Mas infelizmente ele faleceu há alguns anos depois, antes de ver o parque inaugurado.

Walt Disney projetou e iniciou a construção do projeto Disneylândia visando à continuidade, mesmo depois de sua morte. E assim tem sido! Os CEOs e colaboradores têm preservado as principais ideias, e elas continuam crescendo, apoiando-se na visão e nos valores originais do fundador Walt Disney.

"Quem não sabe onde deseja chegar, qualquer lugar basta".

Através do exemplo da Coca cola e do Walt Disney podemos ver o dito popular a seguir fazendo sentido, porém, nesse caso, ao contrário.

"Quem sabe onde deseja chegar, consegue o objetivo".

Então é isso! Tenha uma visão do que deseja fazer, conte com o apoio de especialistas no assunto em questão para ajudá-lo a encurtar o caminho, amenizar as perdas, dores e potencializar a missão. E no mais, tudo será questão de se manter focado, até concluir o objetivo.

"Visualize o alvo e a jornada se tornará suportável, e o sucesso será alcançado".

Um dos maiores destruidores de sonhos.

Foco é algo que exige muita disciplina, e quem não tem normalmente não consegue obter êxito no que está fazendo, justamente por não conseguir continuar focado enquanto passa por dificuldades algumas pessoas não chegam onde desejam, desistindo no meio do caminho. O Mais lamentável é que uma grande maioria passa toda uma vida fazendo, o que os macacos fazem bem: pulando de galho em galho.

Uma vez, eu estava visitando uma pequena igreja em um bairro da cidade em que eu morava. Ali junto de pessoas simples e humildes, eu vi um exemplo que eu iria me lembrar por muito tempo, tanto na minha vida pessoal, quanto na profissional.

Foi feito uma interação através das crianças da igreja para lembrá-los aos irmãos o porquê muitas pessoas se desviam dos caminhos do Senhor. A responsável pelo infantil chamou uma criança, vendou os olhos e rodou ela para perder o sentido de direção e foi lhe dada uma missão, a de seguir alguns metros sendo guiada por voz, para que ela pegasse a bola, e, ao mesmo tempo, foi passada outra ordem para a igreja, a de orientar de forma contrária do que a responsável estava dizendo para fazer. Sem que ela soubesse.

Então a responsável falou para a criança seguir, e, ao mesmo tempo, em que ela disse isso, todos da igreja começaram a dizer para ela ir para a esquerda e a menina ficou muito confusa na hora. Por não saber se ouvia os irmãos ou aquela senhora, em seguida a instrutora pede para ela virar para a direita e prosseguir. E as pessoas outra vez incentivaram o contrário, resumindo, passaram alguns minutos e ela não saía do lugar. E por fim, não conseguiu o objetivo desejado.

Nesse Exemplo foi ensinado para as crianças e a igreja que elas precisariam ouvir a voz do Espírito Santo de Deus, pois Ele seria o guia que conduz as pessoas para perto de Deus. E o que isso tem a ver com o empreendedorismo, eu creio que tem tudo, pois, na maioria das vezes, estamos com uma visão, um objetivo a ser seguido e, ao mesmo tempo, aparecem várias oportunidades e pessoas tentando nos desviar para fazer outras coisas, que servirão só para induzir o empreendedor a perder tempo e ser desviado do foco que iria conduzi-lo ao sucesso.

Como resolver isso? Talvez não exista um método que seja 100%, mas uma coisa é certa, será preciso ter muita disciplina para continuar focado até concluir o que deseja fazer. E o que pode impulsionar que isso seja levado a sério, ou seja, se manter focado, será justamente os sonhos.

O ideal será se desligar do mundo e focar no alvo, pensar na meta, e uma das formas de se manter motivado será pensando nos benefícios que a conclusão do projeto proporcionará para você, sua família e seu negócio.

Outro detalhe será pensar que se a meta não for concluída, se sentirá um fracassado e se isso acontecer, o empreendedor correrá o risco de entrar em um processo de que sempre desistirá do que está fazendo e nunca conseguirá ir para o próximo nível. Porém, se deve eliminar esse pensamento e colocar se manter persistente! Pois, uma das primeiras características de um vencedor é ser perseverante e nunca desistir! Talvez seja preciso mudar a estratégia, mas desistir, jamais!

Existe uma história que diz que um homem estava cavando em uma caverna com o objetivo de encontrar ouro, e ali ele escavou por quase um ano e não encontrava nada, e ele acabou, por fim, desistindo de cavar. A história foi circulando na região e despertou o interesse de outros aventureiros, e, por fim, outra pessoa entrou na caverna e foi escavar para também tentar encontrar o ouro. Sozinho a cavou por umas quatro horas e adivinha o que aconteceu? Ele encontrou o ouro.

Essa lenda urbana mostra, que por mais difícil que esteja à jornada, não podemos em hipótese alguma desistir dos nossos sonhos. E para isso, será preciso cumprir todos os dias pequenas metas, até chegar a realização do objetivo almejado.

Grandes sonhos exigem planos maiores ainda.

Dois empreendedores e uma visão a serem alcançados. Ambos eram donos de suas marcas. Um deles era do seguimento de cosméticos para salão de beleza, e o outro de roupas masculinas e femininas. Os dois tinham vontade expandir seus negócios para outras cidades e outros estados, mas para isso precisariam ganhar mercado em seu município, e a partir deste, juntarem dinheiro para fazer o processo.

Um dos empreendedores tinha como ações diárias, visitar clientes em salão de beleza, com o objetivo de prospectar novos, e atender aos antigos. Quando voltava para casa a tarde ou à noite, ele organizava a rota do dia seguinte, fazia alguns cálculos do que precisaria comprar para repor o estoque, e ia descansar aproveitando o resto do dia em família.

O empreendedor da marca de roupas em suas ações diárias, ele incluía uma hora por dia de leitura de algum livro sobre o mercado de moda, varejo, marketing e desenvolvimento pessoal e, depois de fazer atividades físicas ele ia para a loja, e em seguida, ele deixava o funcionário tomando conta partindo para visitar outros lojistas associados. Ele fazia entrega, tirava novos pedidos para os lojistas e no fim da tarde, ele voltava para a loja, fechava o caixa e ia para casa. Quando ele chegava em casa ele ia estudar, fazia vários cursos que o mesmo julgava relevante para ajudá-lo a expandir a loja.

O empreendedor pegou um caderno, caneta e fez o que ele a chamou de quadro dos sonhos, para mentalizar o que desejava. Ali ele fez vários recortes de revistas, pegando as fotos dos municípios e estados que ele sonhava em expandir sua marca e colou recortes de como deveria ser a vida perfeita para ele quando as metas fossem realizadas. Depois de fazer isso, ele criou um quadro de metas do que ele precisaria praticar diariamente e dos cursos que precisar para entender sobre como alcançar tudo o que desejava, e assim ele o fez. Passaram-se vários anos e um dos empreendedores conseguiu expandir a sua marca para umas 50 cidades em vários estados do Brasil e tinha conquistado a tão sonhada liberdade financeira. Hoje ele viaja de 2 a 5 vezes por ano para vários países e tem mais tempo para aproveitar com a família e amigos! E a marca dele é uma das marcas de roupa mais conceituada do país em que mora.

Enquanto o outro empreendedor continua fazendo as mesmas coisas e com a loja praticamente que do mesmo jeito que abriu há anos.

E você, já sabe qual foi o empreendedor que conseguiu colocar a visão em prática? Se você pensou que era o empreendedor que estudava todas as noites em casa sobre negócios, acertou!

Estou contando esta história porque vemos muitas pessoas que tem ideias, que tem a probabilidade de revolucionar o mundo, mas o empreendedor, por não conhecer a si mesmo, nem o mercado e sem um foco central, acabam deixando bons projetos guardados em um lugar em que só o mesmo tem acesso, logo, será levado para o cemitério! Lugar cheio de ideias fabulosas, mas que nunca saíram do papel. Portanto, é preciso a busca pelo conhecimento, a disciplina e a fé de que um dia tudo será alcançado.

"Tudo é possível para aquele que crê e faz o que é preciso ser feito até obter o êxito desejado".

O Planejamento que faz a diferença.

Existem empreendedores que conseguem de forma instintiva descobrir o que precisa ser feito, e faz! Mesmo entrando em um processo de acertos e erros até conseguir o objetivo desejado. O certo, é que mesmo que se ele não estivesse presente para o que estava sendo feito, ainda assim, existem padrões que ele seguiu mesmo sem saber e que poderá ser seguido por todos que desejam fazer sucesso no mundo dos negócios. Será mostrado alguns dos impulsionadores que ajudará o empreendedor entender mais sobre os padrões para se manter focado até conquistar o que deseja.

Quando o empreendedor tem uma visão clara do que deseja, logo se torna possível realizar, ou materializar a imaginação. A visão será o principal impulsionador para levá-lo a fazer o que precisa ser feito. Na maioria das vezes, essa visão quando são contadas para alguém que não está na mesma sintonia, eles costumam dizer que o empreendedor está louco, e isso é normal. Afinal, são os loucos que mudam o mundo para melhor. Porém, quando o mesmo consegue executar, logo começam a bajulação. E se por ventura, deixar só a ideia na mente depois de ter dito para alguém, poderá entrar no processo de descaso perante os amigos.

Missão: quando alguém tem uma visão e ela está alinhada com os interesses pessoais do mesmo, as probabilidades de o empreendedor conseguir a realização do que deseja aumenta exponencialmente. Seria como uma forma inexplicável, a qual o universo começasse a conspirar ao favor do mesmo.

"As coisas tendem a dar certo para aqueles que além de saberem o que desejam, sentem prazer no que fazem e fazem com amor".

Se alguém deseja vencer e ainda não descobriu sobre a sua missão de vida, o ideal será que busque urgentemente sobre isso, e passe a entender melhor sobre o assunto para começar a aplicar. No último capítulo, falaremos mais sobre esse assunto.

Objetivo: será importante estar presente sobre o valor que deseja gerar na vida das outras pessoas, através das ações que serão praticadas, antes de iniciar o processo. Porque será justamente este fator que ajudará a visão do indivíduo a ser alcançada e a se manter firme nas horas de dificuldades.

Um exemplo clássico de um homem que tinha uma visão clara e específica do que desejava fazer e por conta disso iniciou a sua missão. Mahatma Gandhi tinha a **visão** de ajudar a Índia a se libertar da opressão que o povo sofria. A **missão** dele foi ajudar ao povo a obter liberdade para viverem com mais paz e dignidade, ele se concentrou no **objetivo** de gerar valores para as pessoas próximas, ajudando-os como ele podia.

Outro exemplo foi o de Jesus Cristo, a visão dele era salvar a humanidade, dando assim a todos uma nova oportunidade. A missão de Jesus era proclamar o evangelho do jeito certo, sem as heresias e os falsos ensinamentos que estavam sendo proclamado na época. O objetivo de Jesus era salvar vidas.

Plano de ação: Jesus sabia que o que Ele estava fazendo iria levá-lo a morte terrena, e por este motivo, foi desenvolvido uma estratégia para que a obra continuasse quando Ele não estivesse mais aqui. Sendo assim, Ele convocou 12 pessoas que se tornaram discípulos dele, e os capacitou para que os mesmos fizessem o que Ele estava fazendo, continuando a sua missão de ir pelos quatro cantos do mundo e proclamar o verdadeiro evangelho. O fato é que, já se passaram mais de 2000 anos e ainda assim, conhecemos essas histórias, e a missão de Jesus Cristo tem sido passada de geração em geração.

Reflexão: já imaginou se alguém cria um plano de ação para seu negócio com tanta eficácia que impulsionasse milhares de pessoas a divulgar o seu produto ou, serviço com tanto empenho e determinação como é feito pelos Cristãos? E se ainda fosse passado para outras gerações? Provavelmente essa se tornaria uma das marcas mais valiosa do mundo, certo?

Então pare de imaginar como seria, porque já existe algo bem-parecido no sentido da interatividade entre as pessoas no projeto, na questão do empenho e da divulgação como se fossem donos. Nos próximos tópicos abordaremos sobre esse assunto.

Plano de expansão: provavelmente a meta de todo empreendedor será a de ter um negócio que funcione em piloto automático, que gere mais lucros, com menos investimentos e menos trabalho. Porém, a pergunta que não quer calar é: mas como fazer isso sem correr grandes riscos ou ter os recursos necessários? Vamos falar sobre um jeito simples que tem dado certo para milhares de empresas ao redor do mundo e que poderá dar certo para outros também. Antes, vamos entender de onde veio essa ideia para ser usada no mundo dos negócios.

Há muitos anos um senhor estava com o carro enguiçado em uma estrada um pouco desejada, ele já tinha feito várias ações, mas o veículo não pegava. E um jovem passou ali bem naquele momento, oferecendo ajuda.

Depois de algum tempo, eles conseguiram fazer o carro pegar! O senhor havia ficado muito grato com a ajuda do jovem, e perguntou para ele quanto que era pelo trabalho que havia sido feito. O rapaz respondeu algo que ali naquele exato momento iria ser aplicado, o que pode ser considerado a fórmula do sucesso para milhares de empreendedores ao redor do mundo dos dias atuais. Ele respondeu: não precisa me pagar. Porém, eu gostaria que o senhor se comprometesse em ajudar três pessoas quando elas estiverem na mesma situação que você. E assim foi feito.

Essa ideia foi se espalhando mundo afora, até um empreendedor visionário se questionou sobre o porquê não usar essa ideia em um negócio.

Algum tempo depois, ele havia desenhado o primeiro modelo de negócio que impulsionaria vários outros empreendedores a divulgarem seus negócios como se fosse deles, e que iria também impulsionar as novas gerações de seus familiares a continuarem fazendo o mesmo.

Nesse exato momento, o modelo de negócio é mundialmente conhecido como marketing de relacionamento. Existindo milhares de empresas e empreendedores associados a elas, vários empreendedores alçaram a realização financeira e pessoalmente.

Nesse momento eu moro em cidade com cerca de 120 mil habitantes. Aqui embora seja um município pequeno, entre amigos e conhecidos têm umas 10 pessoas que ganharam mais de milhões em menos de um ano, sendo que um deles ganhou mais de 15 milhões. Esse modelo de negócio também é conhecido como **microfranquia pessoal** e permite que o empreendedor construa uma rede de micro-associados em várias cidades, estados e países, através de um sistema tecnológico e inteligente.

Conheça alguns pilares a serem considerados antes de montar um plano de ação.

Base: saber onde deseja chegar, será o início de tudo. A partir deste, será preciso verificar alguns pilares para escalar com segurança e conseguir manter um crescimento contínuo. Nesse momento será preciso verificar se os sócios estão focados, se a equipe está alinhada, se a logística para entrega dos produtos está bem estruturada, se o sistema online para aguentar o crescimento está ok. E, se todos esses processos estiverem em ordem, será a hora de ir para a outra etapa.

Geração de valor: a empresa precisará criar um plano de ação para produzir bastantes conteúdos com o intuito de compartilhar informações para o público-alvo, com o objetivo de chamar a atenção deles para a marca. Essas ações podem ser aplicadas através do compartilhamento de informações, em vídeos, E-books, blogs, palestras online e presenciais.

Qualidade: desenvolver o produto pensando no público-alvo, será uma das peças chaves do sucesso. Ele precisará ser relevante e obter as especificações que chamem a atenção do público-alvo, criando o desejo de posse.

O caso de sucesso da empresa Apple é importante ser avaliado para quem deseja criar um produto. É notório o desejo de posse por parte dos clientes pelos produtos da marca. Eles sabem exatamente como criar o marketing de um jeito que deixam os clientes loucos. Creio que esse foi um dos motivos que levou a marca a ser avaliada como a mais valiosa do mundo em 2018.

Será importante deixar estabelecido um plano específico para a continuação das atualizações do produto ou serviço de forma contínua, ou correrá o risco de outra empresa criar algo melhor e assumir a liderança de mercado.

Preço: se a empresa ainda não estiver com a marca consolidada no mercado, será importante analisar os concorrentes e criar o produto com alguns diferenciais a mais do que o principal concorrente de mercado, por um melhor custo x benefício.

Sistemas: se trata de uma peça tecnológica fundamental para ajudar no processo da automatização do negócio. Existem sistemas para todo nicho de mercado, normalmente são conhecidos como CRM (Estratégia ou um sistema de gerenciamento de relacionamento com o cliente.) E escritórios virtuais (Home Office).

Associados: ter várias pessoas consumindo e, ao mesmo tempo, fomentando os negócios da marca será o divisor de águas para ajudar a definir as empresas que fazem histórias e as que apenas existem. Para atrair clientes nesse nível, todo o plano de expansão da empresa associada ao sistema precisará ser criado pensando nesse contexto. Um exemplo clássico sobre o sucesso por parte de ter associados, é o caso da empresa de motocicletas Harley-Davidson. HarleyOwnersGroup (H.O.G.), grupo de proprietários de motocicletas da marca que reúne atualmente cerca de 750 mil associados em todo o mundo, sendo a maior organização de clientes com objetivos em comum desse seguimento.

Outro exemplo é o da empresa Herbalife, uma companhia multinacional de nutrição e controle de peso. Incorporada nas Ilhas Cayman, com escritório e sede nos Estados Unidos, a empresa distribui produtos em mais de 95 países, através de uma rede de quatro milhões de consultores independentes, aonde parte destes tem ganhado na revenda e ganhos na estrutura de marketing multinível (MLM).

No Brasil temos a empresa de cosméticos Hinode, que também optaram por MLM e obtiveram muitos resultados positivos. A empresa foi fundamentada com o objetivo de um sonho de uma vida melhor, a Hinode foi fundada em 1988 por Adelaide Rodrigues e Francisco Rodrigues, empreendedores que estavam em buscam de condições melhores e acreditaram que através dessa empresa conseguiriam proporcionar os benéficos desejados para a família e para todos os associados que estivessem verdadeiramente envolvidos. A empresa conta atualmente com cerca de meio milhão de associados, e já ajudou a fazer vários milionários no Brasil.

Inovação: A sugestão para se criar um negócio nesse exato momento está voltada para o mercado de tecnologia, por exemplo, a empresa mais valiosa do mundo em 2018 foi a Apple, avaliada em US$ um trilhão. Para ter ideia do que isso significa só o dinheiro dela daria para comprar todas as outras empresas do Brasil listadas na Bovespa. A empresa Netflix, por exemplo, está avaliada em US$ 152,3 bilhões. Uma empresa brasileira conhecida por 99POP do seguimento de transportes particular com cerca de um ano de mercado já está avaliada em R$ um bilhão. (Dados de 2018).

Esses seguimentos de inovação, normalmente são conhecidos como Startup.

Capítulo 4. Os segredos da boa negociação.

Imagina essa situação! Você trabalha com vendas e alguém te pergunta se você sabe negociar? O que você responderia?

Existe uma grande probabilidade de que diria que sim! Ou algo como claro, afinal trabalho com vendas.

Em um determinado momento em minha vida eu comecei a pensar que sabia negociar. E ali estava eu me enganando, pois, nem sempre eu conseguia o que desejava. Em um determinado momento aprendi que não sabia nada e que tinha muito a aprender. Outro fator mais importante ainda é que eu comecei a analisar todas as tentativas de negociação que não havia dado certo e me questionava sobre o porquê não havia conseguido o êxito desejado.

Foi quando comecei a voltar mentalmente no exato momento em que a negociação estava acontecendo e tentava visualizar como se fosse um telespectador. A partir deste ponto comecei a ver várias falhas e tempos depois descobri que além de existirem várias técnicas para auxiliar em uma boa negociação, também existiam alguns padrões que inclusive são usados por grandes negociadores, mesmo sem que eles estejam presentes para o mesmo.

No próximo tópico, vamos mostrar quais são os exatos padrões utilizados pelas maiores empresas e negociantes do mundo.

Um dos meus maiores erros por muito tempo, em uma negociação, era focar demais nos meus objetivos e esquecer os interesses do meu prospecto. Só pensava nas minhas metas pessoais e queria vencer de qualquer jeito e a qualquer custo, sem ao menos se importar de fato com o que a pessoa precisava. Não prestava atenção no ponto de vista do provável cliente e colocava a minha opinião a qualquer preço.

Normalmente já iniciava a negociação pensando nos lucros e benefícios que iria ter por parte dela, sendo que isso na maioria das vezes acabava me atrapalhando e quando não conseguia fechar de forma positiva, ficava muito frustrado.

Um dos erros mais clássicos, era que na maioria das vezes não se preocupava em gerar conexão com o cliente, e ainda por cima acabava conflitando com as crenças dele. O resultado disso era claro! Mais um prospecto que não fechava! Simplesmente por não ir com a minha cara.

E você, já se perguntou o porquê aquela venda do cliente que chegou até você querendo muito fechar e depois de alguns minutos de conversa ele falou que ia pensar e nunca mais voltou? Será que ele percebeu que você estava tentando apenas ganhar o dinheiro dele, sem demonstrar interesse por ele e as necessidades que ele tinha? Ou quem sabe foi uma palavra dita em um momento inadequado? Provavelmente se essa pergunta fosse feita agora, você ficaria em dúvida se sabe negociar ou não certo?

Preste atenção nessa história que aconteceu com um vendedor de carros: um senhor tinha no pátio um carro que o valor de mercado dele era R$ 50 mil. No entanto, o proprietário disse que abaixaria o preço para R$ 37 mil reais, pois este era um carro que estava parado há muito tempo e estava gerando prejuízo. Por isso, ele desejava vender o mais rápido possível.

Chega uma pessoa interessada em comprar o carro, você atende a ela, faz as apresentações, mostra todas as características e especificações, o cliente ficará interessado no veículo e perguntará sobre o preço. Nesse momento, por qual preço você informaria? Por quanto você tentaria vender o veículo?

Se responder, em sua mente, que venderia por 37 mil, você definitivamente ainda tem muito a aprender sobre negociação. O fato é que quando o vendedor chega com um preço para o prospecto, por mais que ele seja excelente, ainda assim o cliente pedirá desconto. E o que fazer se você já não tem mais margem para isso? Então o segredo será sempre ter boas margens para ajudá-lo nesse sentido.

Agora presta atenção nessa sacada que ela poderá mudar a sua vida no mundo dos negócios. Descontos não se dá, se negocia mediante um compromisso de compra.

Por exemplo, se você pergunta para o cliente, senhor (a) se eu conseguisse um desconto de Y você ficaria com o carro? Se ele disser que sim, você pegaria o contato dele e dizer algo do tipo! Legal, verificarei com o gerente, supervisor, etc. E caso eu conseguir, eu te ligo, pode ser? O Senhor pode me aguardar até tal hora ou dia?

O que aconteceu, ele já tinha o desconto em mente do quanto ele poderia vender o carro, porém, ele utilizou uma técnica de vendas conhecida como **gatilho mental do comprometimento** que o ajudou a fortalecer o interesse de posse do cliente.

O dever de casa.

É muito comum alguns vendedores irem para o campo de batalha sem estarem devidamente preparados, e na maioria das vezes, saírem das reuniões frustradas por não conseguirem fazer o fechamento ou a venda que desejava. Enquanto outros parecem que nasceram para vender e negociar e fazem isso com uma maior naturalidade, e sempre obtêm o êxito desejado.

A pergunta é, o que será que eles fazem? Será que eles já nasceram para isso e esse é o dom deles? O certo é que esse talento ou dom foi desenvolvido de alguma forma, que na maioria das vezes nem ele mesmo sabe explicar. Vamos explicar alguns padrões que se forem aplicadas corretamente aumentaria drasticamente a conversão em qualquer negociação e vendas.

Sondagem: é algo importante a se considerar para obter melhores taxas de conversão na negociação. Imagina essa situação! Você precisa vender um produto ideia ou serviço para o maior construtor de sua cidade, sendo ele um empresário respeitado por todos e sendo considerado um dos maiores investidores local. Então você tem aquela ideia que o julga que seja milionária e só precisa de suporte financeiro para colocá-la em prática. Contudo, você consegue o contato através de amigos e liga para o construtor investidor de sua cidade e por sorte, marca uma reunião com ele. Chegando à reunião, você se apresenta para ele e começa a falar sobre o que deseja, a ideia, um pouco fora do campo visual de negócios do construtor, mesmo sendo ela muito boa! Mas para o construtor, se trata de algo totalmente inédito. Então o projeto é apresentado, é feito cálculos das projeções de crescimentos, probabilidades de lucros e onde a proposta pode chegar. O construtor após observar tudo atentamente diz que vai analisar e que dará resposta em breve. O que você pensa que acontecerá? Ele fecharia o negócio? A probabilidade maior será de que ele nunca mais falará com você. E por que isso, poderá acontecer? Pelo simples fato, dele não te conhecer direito, nunca ter ouvido falar de você e tampouco de algo relacionado ao projeto.

Quando a sondagem, ou pesquisa sobre o prospecto é feito do jeito certo, a probabilidade do fechamento aumentará drasticamente.

Através da sondagem você entenderá perfeitamente como o investidor pensa, e quais as formas de apresentar algo novo para ele. Entenderá também sobre as dores e anseios do mesmo. E nesse caso, será preciso utilizar outros gatilhos mentais, como o da empatia, reciprocidade, escarces e autoridades. Nos próximos tópicos explicaremos mais sobre esse assunto e como utilizar nos negócios.

Imagina a mesma abordagem sendo feita utilizando as técnicas certas de **sondagem.** Esse conceito se aplica ao fato do empreendedor pesquisar e conhecer todos os pontos fortes e fracos de quem ele deseja vender ou criar parcerias.

Na prática, o empreendedor deve investir tempo na **sondagem para** descobrir o que motiva o investidor, quais são os problemas que ele deseja resolver, saber os lugares que ele costuma frequentar a lazer ou a trabalho e tentar aparecer em alguns desses, fazendo o possível para ser notado pelo mesmo.

Algumas formas de descobrir as informações: poderá pesquisar quem são os funcionários, fazer amizades com algum deles, de preferência com a secretária, puxar algum assunto relacionado ao trabalho de forma descolada e perguntar sobre o patrão. Como, por exemplo, o que o motiva, qual é a história dele, o que ele gosta de fazer quando não está trabalhando. Se as perguntas forem feitas na hora certa e do jeito certo, as respostas serão relevantes e o funcionário nem perceberá que você tem interesse de usar as informações para vender para o patrão deles.

Vamos supor que foi descoberto que ele gosta de pescar nos fins de semana, logo você estuda tudo sobre pesca, e dar um jeito de aparecer no local onde ele está. E ali, entre um peixe e outro você puxa alguma conversa, relacionado ao momento, e demonstra que você entende muito do assunto. Pode citar, por exemplo, algo, por exemplo, a uma nova isca que ajuda até mesmo os iniciantes a pegarem mais peixes, ou fala algo relacionado aos benefícios que a pescaria proporciona para quem pescar. A probabilidade é que a partir deste momento o investidor perceberá algumas qualidades em você e logo irá ao vê-lo como um amigo.

No dia seguinte, você aparece na loja, ou no escritório dele e pede para falar com ele. Nesse momento você já sabe sobre o que ele gosta e de qual forma normalmente ele se veste. Então, você tenta igualar ou se vestir do jeito que ele gostaria. A partir daí você usaria a técnica conhecida por **Rapport** para ele perceber que você é parecido a ele.

O que falar: você iniciaria quebrando o gelo, falando algo sobre o fim de semana, por exemplo, se possível levar algum presente que tenha a ver com o que ele gosta, poderia ser uma novidade para ajudar na pescaria. Ou algo relacionado ao esporte que ele gosta mais. Após a quebra de gelo, você inicia falando sobre algo do interesse dele, como, por exemplo, um problema que ele tem na empresa e em seguida mostre sugestão sobre como poderia ser solucionado. A partir desse momento você poderá mudar de assunto e falar que tem uma proposta de negócio que será do interesse dele.

Antes de iniciar e falar sobre a proposta o ideal será criar uma antecipação sobre os valores que o projeto representa para o nicho de atuação e as probabilidades de lucros que podem ser gerados.

Se o investidor demonstrar que tem interesse em ouvir, você inicia a apresentação. Para que tenha a maior probabilidade de obter êxito, será preciso entender e utilizar as técnicas de gatilhos mentais. No próximo capítulo será explicado em detalhes sobre como utilizar nos negócios.

Através dessa abordagem, o empreendedor aumentará drasticamente as probabilidades de sair vitorioso da reunião e de todas as outras reuniões em que participar.

"O segredo da boa negociação consiste em conhecer a si próprio o prospecto e o seguimento de atuação".

O que são gatilhos mentais e como usar para aumentar as vendas?

Os Gatilhos ou atalhos mentais são palavras chaves específicas que são usados para ajudar influenciar outras pessoas a decidirem da qual o comunicador tenha interesse. Os gatilhos são utilizados normalmente em campanhas publicitárias e em negociações.

Os gatilhos mentais funcionam na mente humana igual os atalhos do computador, no mesmo existe normalmente duas formas de o usuário executar uma mesma tarefa. Por exemplo, para salvar um documento no World pode ir direto do lado direito superior do computador e clicar no ícone que parece um (disquete), e a outra forma seria usar o atalho, pressionando a tecla Ctrl + a tecla (B) ao mesmo tempo. No computador existem atalhos para praticamente tudo; para desligar a máquina, fechar um programa e até mesmo abrir uma pasta.

Agora que entendemos sobre como a máquina trabalha, talvez esteja se perguntando: E como isso funciona no cérebro das pessoas, ou de que forma? Como isso ajudará melhorar as vendas de um negócio? Ou como conseguir, por exemplo, o resultado desejado em uma reunião?

Imagina o seguinte: você está em uma estrada dirigindo seu carro a 80 KM por hora, e em uma avenida pouco movimentada e com casas próximo, do nada, aparece um adolescente na frente. Qual ação você julga que tomaria nesse momento para tentar evitar o pior? Opção (A): você aceleraria o carro e passaria por cima, matando o adolescente e salvaria a sua vida? Opção (B): tentava desviar correndo o risco de capotar e morrer? E opção (C): tentava frear, mesmo estando muito perto para parar em tempo hábil?

Resposta difícil! Certo? A outra questão é que na autoescola o aluno é ensinado a passar por cima de um animal na estrada, somos ensinados que a vida vale mais do que os animais. Nesse caso é outra vida e não dá para seguir o que foi ensinado na autoescola. Então o que fazer? Aqui está uma situação da qual independente do que você aprendeu sobre princípios, ética, certo ou errado, o certo é que na hora, algumas pessoas vão agir no automático, ou seja, o subconsciente assumirá o controle e agirá por elas.

Uma vez eu estava voltando de uma festa com três amigos, de repente, um cavalo atravessou na estrada. O meu amigo que estava dirigindo era um caminhoneiro muito experiente, e a ação dele de imediato foi acelerar para passar antes do cavalo entrar na frente. A verdade é que eu só senti o impacto. O carro estava a uns 160 km por hora, estávamos em uma reta e isso era umas três horas da manhã. Quando paramos a uns 100 metros à frente para olhar o estrago que tinha sido feito no carro e no cavalo, percebemos que o retrovisor tinha se espatifado todo e a boca do animal tinha se deformado.

Estou contando essa história porque se o meu amigo não agisse rápido e sem pensar, provavelmente o carro pegaria o cavalo de frente, pois não dava para parar a tempo, afinal, o carro estava correndo muito e provavelmente iríamos estar todos mortos nesse momento.

Nesse caso, o subconsciente do meu amigo foi que tomou a decisão e agiu por ele. E é justamente o que acontece na maioria das vezes, no mundo dos negócios e na vida pessoal. As pessoas acreditam que tomam as decisões, quando, na verdade, quem age é a mente inconsciente.

As decisões são tomadas na maioria das vezes em piloto automático, e quase sempre quando é acionado algum gatilho. Em nosso exemplo citado acima, o gatilho foi o de evitar sentir dor.

Em uma negociação, será importante ficar presente para que a comunicação precisa ser projetada para o inconsciente e não para o consciente do prospecto, pois quem toma a maioria das decisões são eles.

Quando uma pessoa decide correr, por exemplo, essa decisão é tomada de forma consciente, e em seguida, o cérebro inconsciente assume o controle e coordena a ação de dezenas de músculos entre as pernas e braços, fazendo que damos um passo, e depois outros sucessivamente.

Algumas decisões do dia a dia são simples e não demandam muita energia para o cérebro. Outras, no entanto, como comprar um imóvel, por exemplo, são mais complexas e exigem mais esforço mental. O fato é que o se o cérebro tivesse que analisar todos os aspectos antes de tomar alguma decisão ele ficaria sempre carregado de atividades e normalmente iríamos demorar muito para decidir algo do qual hoje tomamos em questão de segundo.

Por esse motivo o cérebro utiliza padrões que já deram certo antes, e repete as mesmas sequências, por entender que aquilo é seguro e através deste, ele toma a decisão baseando se no histórico que poupará energia, inclusive, é um dos objetivos da mente.

Nesse momento que fica os atalhos mentais e quem tem conhecimento dos gatilhos, sabem utilizar nas horas certas. Conseguem resultados extraordinários em negociações e campanhas de vendas.

Pegue um papel e uma caneta e vamos fazer uma atividade muito interessante.

Duas opções de pensar, rápido ou devagar.

O cérebro em teste: anote a sua resposta. Não vale colar.

1. Quantos animais de cada espécie, Moisés colocou na arca?

Resposta: _______________________________________

E sobre esse enigma?

2. Se uma caneta + um lápis custa juntos R$ 1,10. A caneta custou R$ 1,00 a mais do que o lápis. Qual é o preço do lápis?

Resposta: _______________________________

A maioria responde dois na primeira pergunta e R$ 0,10 na segunda. Se esse foi o seu caso, esse é o cérebro tentando poupar energia e respondendo usando atalhos mentais, eliminando a possibilidade de pensar e analisar todos os ângulos. Ele pega o que já está no histórico e manda a resposta.

Você conseguiria dar a resposta para essa pergunta sem fazer cálculos?

Quanto seria 18 × 28? Sim! Pera aí: deixe-me pensar aqui. A resposta seria! Calma aí! Que vou calcular! Viu. O fato é que todos seriam capazes de acertar a resposta da multiplicação sem a necessidade da calculadora se quisesse. Mas o cérebro nesse momento, entrou em fase de pensamento lento. O cérebro reconhece o problema como uma dificuldade maior e exige mais tempo para solucionar.

Nesse caso o cérebro se baseia em históricos passados e usa atalhos, ele busca usar a lógica para solucionar o problema e gerar a solução. Muito louco isso, certo? Pois, bem! Sabendo dessas duas formas de pensar, e as diferenças entre uma e a outra, podemos utilizar os atalhos mentais para ajudar ativar a mente do prospecto influenciando na decisão de compra ou aceitação de algo em específico.

Para aumentar as probabilidades de conversão em vendas e fechamentos, será necessário dominar e utilizar esses atalhos mentais em todo o processo.

Respondendo às perguntas acima.

1. Não foi Moisés, e sim Noé quem colocou os animais na arca.

2. R$ 0,05. Se o bastão custa R$ 1,00 a mais e o preço dos dois juntos é de R$ 1,10. O bastão custa R$ 1,05 e a bola R$ 0,05. Se fosse R$ 0,10, o bastão custaria R$ 1,10, somando R$ 1,20.

Calculo certo: $18 \times 28 = 504$, se você fez cálculo acertou. Se for um gênio da matemática também acertou sem fazer cálculo.

Para mais estudos sobre esse assunto poderá ver o livro Thinking, FastandSlow.

Técnicas de persuasão

Gatilho mental da Escassez: *"Tive que perder para dar valor"* Já ouviu alguém dizendo isso na vida? Provavelmente já, certo? Através disso, podemos utilizar o gatilho da **Escassez.**

Afinal, ninguém gosta de perder dinheiro nem relacionamentos que poderiam dar certo. Infelizmente na vida sofremos perdas das quais não conseguimos evitar, e na maioria das vezes, nos causa arrependimentos dos quais nos dão vontade de entrar em uma máquina do tempo e voltar no passado só para tentar fazer diferente. Certo? Entretanto, isso ainda não é possível. Mas podemos tirar proveito dessas perdas que todos já sofreram em algum momento, para vender mais.

Um exemplo simples, pelo qual o ouro é mais caro do que a prata? Fácil! Certo? A prata tem em maior quantidade no mundo, já o ouro é mais raro. Sendo um dos motivos por ser mais caro. Então, quanto mais for a escassez de um objeto de desejo, mais caro ele se torna. O mercado costuma controlar preço por oferta e demanda. Um faz o outro, se tiver muita demanda e pouca oferta logo se torna escasso. Contudo, começará a disputa, quem paga mais leva.

Qual opção você escolheria: ganhar um desconto ou pagar um adicional?

Imagina essa situação! O boleto da prestação do seu carro vence hoje, e se for pago no prazo terá um desconto de R$ 40,00, porém, se pagar outro dia pagará um adicional de R$ 40,00.

Então? Você preferiria ganhar um desconto de R$ 40,00 ou pagar uma multa R$ 40,00 pelo atraso?

Naturalmente, a maioria das pessoas vão preferir evitar pagar a multa de R$ 40,00. A questão é, se recebesse um desconto de R$ 40,00 não seria o mesmo resultado? Em ambas as situações, o dono do carro economizaria. Porém, o que muda seria a sensação de positivo ou negativo. Em um exemplo, a sensação seria de economizar dinheiro, a outra de perder. Então a maioria preferirá evitar perder, a economizar.

As palavras têm poder! E quando utilizado do jeito certo, os gatilhos mentais na comunicação se tornará um forte aliado para persuadir as pessoas tomarem decisões das quais tenham interesse.

Caso de Sucesso: "Restam apenas quatro unidades no estoque". Podemos ver claramente o gatilho da escassez em prática. Pessoas que buscam qualidade sem se importar com a marca, ou status, não se preocupariam em obter um relógio similar com um visual atraente de um modelo parecido com os da Invicta (que custam em média de R$ 500,00 a R$ 7.000,00 e são considerados de luxo.)

Nesse caso, os da propaganda não são os relógios da INVICTA, e sim similares. O fato é que, se você conhece e gostar dos modelos citados acima e não estar bem financeiramente, provavelmente iria se identificar com a marca similar. Se estiver sem, provavelmente ficaria muito interessado em comprar por dois motivos. Um deles é porque o site é conhecido e reconhecido. Isso ajudaria gerar mais confiança para a compra ser realizada. O outro é que o relógio comparado com os preços da marca Invicta estaria muito a baixo do preço de mercado.

O único problema é que **restam apenas quatro** no estoque. E agora, o que fazer? Comprar mesmo que para isso seja preciso tirar dinheiro de outra conta, ou esperar e correr o risco de quando voltar já estiver acabado?

A maioria das pessoas poderá preferir não correr o risco de perder a oportunidade, por isso compraria logo.

O gatilho da escassez é um poderoso aliado nas negociações, quando utilizado com integridade.

Algumas formas de utilizar esse gatilho nos negócios. Se o cliente está em dúvida se compra ou não, este será o momento de fazer uma oferta usando o gatilho da escassez, para impulsioná-lo a agir, e tomar a decisão de comprar.

Por exemplo; este produto está com essa oferta de 10% de desconto só para os primeiros 20 clientes, e já foram vendidas 18 unidades. **Gatilho mental da urgência: é agora ou nunca!**

Um gatilho que está em questão, é o fator tempo se diferenciando no anterior nesse sentido. Esse gatilho é muito efetivo por ajudar as pessoas a solucionarem um problema básico: o da escolha. Por exemplo, quando um vendedor mostra três opções para uma pessoa e ela gosta das três, logo o problema é gerado e muitas vezes por dúvida do qual ela deveria escolher, acaba não escolhendo nenhuma.

Quando a pessoa tem uma única opção a ser escolhida e a mesma tem um cronômetro correndo, ela será persuadida a escolher rápido, antes que o tempo acabe. E o fato é que esse gatilho funciona, porque as pessoas em geral odeiam a sensação de se arrependerem de algo que deveriam ter feito, enquanto tinham oportunidade! A sensação de se sentirem impotentes por não ter feito nada quando podiam impulsionar a agir.

"Melhor se arrepender do que foi feito do que viver toda uma vida com a culpa de não ter tentado".

Um grande exemplo de sucesso: o site conhecido como Groupon voltado para ofertas coletivas, disponibilizava promoções para os visitantes com um tempo de inspiração marcada. O produto tinha uma oferta com um desconto que poderia chegar até 60%, e na página tinha um cronômetro informando os dias, horas e segundos que restava para o tempo inspirar.

Quando o prospecto via o cronômetro, principalmente quando estava nos últimos momentos de inspirar a oferta, despertava a sensação de ansiedade, fazendo com que eles tomassem a decisão imediata de comprar.

A aplicação do gatilho mental da urgência nos negócios. Os clientes costumam adiar a decisão de comprar algo e na maioria das vezes acabam desistindo.

Com o uso dos gatilhos de urgência, será ativado o comportamento no cliente que impulsionará ele a agir. Ele terá sensação de urgência e o subconsciente entenderá que se ele não tomar a decisão naquele momento, poderá perder a oportunidade e nunca mais conseguir comprar o que desejava.

As palavras que precisam ser colocadas na comunicação de vendas são elas: "Restam apenas duas horas". "Só até hoje", "Agora", "Sua última chance", "Imediato" e "Hoje é o último dia".

Esse gatilho só fará sentido, se o que estiver sendo usado, realmente tem um tempo estabelecido para acabar ou mudar o preço. Ao contrário, o vendedor ou empresa queimará o filme e será difícil recuperar depois. Esse gatilho será mais relevante se usar junto a outros, como por exemplo, os da autoridade e reciprocidade.

Gatilho Mental da Autoridade.

"Manda quem pode, obedece quem tem juízo".

Esse gatilho funciona bem porque as pessoas tendem a seguirem ordens, vindo de outras que julguemos superiores a nós mesmos.

O gatilho mental da autoridade, ajuda aos empreendedores obterem resultados melhores por ser reconhecido como um especialista no assunto. Nesse momento, as pessoas terão a tendência em comprar o que o empreendedor ou a marca está vendendo, pelo simples fato de conhecer que o mesmo é uma autoridade no assunto.

Essa história vai ilustrar melhor sobre o que é autoridade, na prática, e como criar.

Aconteceu em Londres com Érico Rocha (um empreendedor brasileiro considerado um dos maiores especialistas em marketing digital da atualidade). Ele conta que quando ele morava em Londres aconteceu algo que marcaria a vida dele e, ao mesmo tempo, ele tiraria uma grande lição. Ele tinha acabado de conseguir a licença para dirigir, e saiu com um amigo para resolver alguns assuntos. O que ele não estava lembrando era que na Inglaterra os carros circulam pela esquerda em vez da direita, como é no Brasil. Quando ele estava em uma rua estreita, saindo para prosseguir para outro lugar, ele avista outro carro na frente dele, pedindo para que saísse. Érico começou também a pedir para o rapaz do outro carro sair, e ele continuou reclamando e demostrando que estava muito bravo da vida. E Érico Rocha começou a dar sinal para que ele passasse por cima, demostrando que não sairia, com a certeza de que ele estava totalmente certo e que não tinha porque sair dali só porque outa pessoa estava pedindo.

E assim aconteceu! O rapaz do outro carro saiu e deixou o Érico lá, e ele sai em direção ao seu destino, seguindo pela contramão, que para ele estar na direita, seria o certo. Em seguida o rapaz volta com o mesmo carro, porém desta vez, ele tinha colocado a sirene em cima do veículo. Ele era então um policial, para o azar de Érico. O rapaz o abordou de uma forma áspera, quase que abusiva, colocou a mão dentro do carro de

Érico e tirou a chave. Contudo, gritou e falou palavras em um tom de total hostilidade. O Érico não estava entendendo o que estava acontecendo e entrou em estado de choque. Afinal aquilo nunca tinha acontecido antes com ele.

Érico então lembrou que era o mesmo rapaz que ele havia pedido para passar por cima, quando o policial estava pedindo para ele sair da contramão. Foi explicado que Érico Rocha não estava bêbado nem drogado e sim que ele era um brasileiro que tinha acabado de tirar a licença para dirigir naquele local, e tinha esquecido o detalhe de que ali se dirigia em mão contrária do Brasil.

Essa história mostra que autoridade é gerada através de comportamentos e atitudes. Ali a autoridade era o rapaz do outro carro. Porém, ele não estava uniformizado e o veículo não estava com nenhuma identificação. Érico acreditava plenamente que estava certo e que o rapaz estava errado, e ele que tinha de sair. Mesmo o policial sendo autoridade, cedeu para o Érico passar.

Então, se alguém quiser que as pessoas confiem em nelas e no negócio, precisará se posicionar como uma autoridade no nicho de atuação.

Legal! Mas qual seria a forma de se tornar uma autoridade? Pois, bem! Uma delas é escrevendo um livro sobre o assunto do qual deseja se destacar. A outra será através do compartilhamento de informações; em redes sociais, blogs e portais de notícias; através de vídeos e artigos.

Imagina essa situação: Alguém passa mal e vai até um hospital, e lá encontra uma pessoa vestida de médico e com o aparelho no ombro de medir a pressão. Ele chega até a pessoa e começa a fazer uma análise, em seguida, ele fala que será preciso comprar um remédio. O preço era algo em torno de R$ 397,00 e o paciente ganhava um salário-mínimo. Ficou puxado o preço, certo? Nesse momento se fosse você, o que faria? Discutiria com o médico, dizendo que não compraria por que estava muito caro? Pediria as credenciais dele para verificar se ele era mesmo um médico, ou obedeceria e iria à farmácia e para comprar o medicamento solucionando o problema?

A maioria de 99,9% da população obedeceria, dando um jeito para conseguir dinheiro para comprar o que foi sugerido.

Porém, quando um empreendedor conseguir criar a mesma sensação provocada por esse gatilho na mente de milhares de pessoas de que ele é uma autoridade no mercado em que está atuando, advinha o que acontecerá? Independente do seguimento de atuação ele aumentará as vendas.

"Lembre se! O gatilho da autoridade é a forma como as outras pessoas veem você, e não o que você é de fato".

Gatilho Mental da Reciprocidade: esse é responsável de parte do sucesso de uma campanha de marketing.

"Gentileza gera gentileza! ".

Imagina essa situação: você faz aniversário e mesmo sem fazer festas ou falar para alguém sobre o dia, ainda assim um amigo se lembra. E sem você esperar ele chegar e te deixa totalmente surpreso, com um presente do qual queria muito, e que de alguma forma, seu amigo descobriu! E primeiro de tudo conseguiu te dar em uma data especial, o seu aniversário.

Qual o sentimento ficaria na sua mente a partir daquele momento? Se você for como a maioria das pessoas, pensará de uma forma instintiva sobre como retribuir o presente a mesma altura do que tinha recebido, e despertará uma mesma sensação das quais o amigo tinha despertado, certo?

"Retribua aos outros o mesmo bem que foi feito a você".

E como isso funcionará no mundo dos negócios para ajudar a aumentar as vendas?

Quem costuma ir a feiras, por exemplo, ver alguns empreendedores oferecendo amostras grátis, ali ele está usando a lei da reciprocidade. Quando alguém experimenta o que ele está vendendo e gosta, as probabilidades de ele comprar aumentam drasticamente. E por que isso acontece? Acontece por dois motivos. Primeiro porque você praticamente se sentiu na obrigação de retribuir o favor e em segundo porque experimentou, conheceu o sabor, e agora conhece o que está comprando antes de pagar.

Mas você não trabalha em feira e talvez esteja pensando: Ah sim, legal Albérico! Mas no meu caso não consigo dar amostras grátis para os meus clientes.

Nesse caso, o Marketing digital irá ajudá-lo a reproduzir esse mesmo efeito da reciprocidade em larga escala para milhares de pessoas ao mesmo tempo, fazendo com que você venda praticamente no piloto automático. No próximo capítulo falaremos exatamente como isso pode se tornar possível.

"Um dos maiores segredos do sucesso consiste em se importar com o próximo e ajudar a maior quantidade de pessoas possível"

Gatilho Mental da Prova Social:

Somos seres associais, e por este motivo, sentimos a necessidade de pertencermos a grupos. Sendo esse um dos motivos para nos deixarmos ser influenciados por pelo gatilho da prova social na tomada de decisão.

Esse gatilho também explica o dito popular em que se fala que somos a média das cinco pessoas das quais mais convivemos.

Aconteceu em São Paulo. Uma oficina mecânica com filas virando o quarteirão para ser atendidos. Um rapaz que estava com um problema no ar-condicionado do carro, foi em três oficinas ver o que havia acontecido e pegar um orçamento para resolver. Todos os orçamentos haviam ficado em torno de R$ 500,00.

Quando ele estava passando em um local do qual ele não tinha o hábito de passar, ele viu uma nova oficina e decidiu pegar um novo orçamento, parou ali e veio um senhor atendê-lo. O senhor olhou o ar, e em questão de minutos disse que cra um problema simples de resolver e que poderia fazer em alguns minutos. Ele informou que era só dar um bico de solda e o ar iria voltar a funcionar. Feito isso, o rapaz ficou muito surpreso e, ao mesmo tempo, contente e espantado! Porque as outras três oficinas haviam informado que era uma peça que tinha dado problema e que precisaria trocar, quando ele perguntou ao senhor que havia resolvido qual era o valor do serviço, ele disse que não era nada e o rapaz insistiu para ele falar o preço, mais ele havia se recusado a receber, informando que ele não tinha feito nada demais. O rapaz ficou impressionado e, ao mesmo tempo, grato com o acorrido. Por este motivo, ele decidiu gravar um vídeo contando sobre o acontecimento. No vídeo ele informou o nome da oficina e o endereço do senhor que havia resolvido o problema dele sem cobrar nada e postou nas suas redes sociais. E assim ele fez, contou toda a história e colou em seu perfil do Facebook. Dias depois o vídeo havia se tornado viral na internet e tinha ganhado milhares de visualizações e compartilhamentos. E a oficina daquele senhor estava com filas virando a esquina, tinha até pessoas que estavam vindos de outras cidades, para fazer o trabalho com ele.

A prova social é um gatilho mental muito poderoso, e pode ser utilizada de várias formas como por exemplo: para melhorar a credibilidade, passar confiança, quebrar preconceito, influenciar pessoas indecisas e gerar autoridade. Essas são algumas delas.

Gatilho Mental do Por que:

"Não são as respostas que movem o mundo e sim as perguntas"

Em um diálogo com outra pessoa, existe sempre uma que fala mais do que a outra, nesse caso, na tua opinião, quem está dominando a conversa? Quem está falando mais, ou quem está perguntando, ouvindo mais?

Existe um dito popular que diz o seguinte: *"Quem fala muito dá bom dia a cavalo"*

Então nessa altura, com certeza, você respondeu que quem está no comando é quem está fazendo as perguntas.

Em uma reunião de negócio, se você estiver interessado em vender, fale menos e faça mais pergunta, mas não pode ser qualquer uma. Precisará ser as certas, as que te passe as informações que precisa para usar ao seu favor e fazer o fechamento desejado. Essa técnica funciona bem por dois motivos, sendo que uma delas, naturalmente as pessoas gostam de falar sobre elas e o que elas fazem mais do que ouvir assuntos de terceiros. A outra é que o seu prospecto vai entender que você é diferente e se importa com o negócio dele ou com ele.

Um fator importante sobre o gatilho mental do porquê, é que as pessoas normalmente fazem as escolhas com o apelo emocional e tentam justificar a decisão de forma racional.

Por exemplo, foi feito uma pesquisa por uma faculdade renomada dos Estados Unidos da seguinte forma: foi colocado um jovem na estação do metrô pedindo dinheiro. Ele simplesmente abordava as pessoas e pedia dizendo: você pode me ajudar com o valor que o senhor (a) puder. No fim da tarde, ele havia conseguido US$ 30.

No dia seguinte, ele foi posto para pedir dinheiro novamente, porém, desta vez, ele acrescentou o gatilho do por que, ele abordava as pessoas e falava isso; senhor (a) você poderia me ajudar com o valor que puder, porque eu perdi a minha carteira e preciso pegar o metrô. Nesta tarde, ele conseguiu US$ 70. Nada mal certo?

A explicação mais lógica do porque ele obteve um resultado maior da segunda vez, são os motivos do porque o cérebro buscar justificativas lógicas antes de tomar alguma decisão.

Quando é analisada uma criança, por exemplo, pode ser percebido que elas são mestras em fazerem perguntas, sobre praticamente tudo, ou seja, elas estão naquele exato momento, buscando entender as coisas. E quando crescemos, agimos sobre as condições das quais julgamos fazer ou não sentido.

Confira um jeito simples para aplicar esse gatilho mental em alguns negócios. Quando for fazer uma campanha, promoção ou até mesmo vender algo para alguém, pense no por que está fazendo aquilo. A partir deste, coloque na comunicação de forma que o prospecto perceba e se interesse ainda mais pela oferta.

Por exemplo, é comum ver alguém vendendo um veículo e dizer as seguintes palavras: vendo este carro em excelente estado e único dono. Ou carro excelente, muito bom! Estou vendendo barato, o motivo da venda é porque estou indo morar fora do Brasil.

Quando o prospecto vê este modelo de anúncio, logo fica muito interessado e entende que ali está uma verdadeira oportunidade de comprar um carro bom e barato.

Agora imagina essa situação. O mesmo anuncio desta forma: vendo este carro barato, único dono e em perfeito estado. Aproveite uma excelente oportunidade.

Por outro lado, se fosse feito o mesmo anúncio, sem usar o gatilho do porquê, dificilmente ele conseguiria gerar uma conexão verdadeira com o prospecto, e provavelmente o mesmo não iria conseguir perceber a propaganda como uma boa oportunidade de negócio. Através destes exemplos, se torna possível começar a perceber a importância dos gatilhos mentais nos scripts de vendas.

Gatilho Mental da antecipação.

Já imaginou se alguém conseguisse prever com precisão o que aconteceria no próprio futuro, nos negócios ou no resultado de uma negociação? Seria ótimo! Não é mesmo?

O fato é que o futuro, ele é incerto e não dá para prever. Mas, se torna possível construir o que deseja usufruir. E quanto mais alguém se aprofundar em entender e aplicar o gatilho mental da antecipação, mais compreenderá como fazer isso com mais exatidão.

Um exemplo clássico do uso do gatilho mental é a do programa na Tela Quente da Rede Globo de segunda à noite. Pois, esses filmes quase todos os brasileiros nascidos até 2015 com certeza conhecem. As antecipações dos próximos filmes eram muito boas, do qual despertavam total interesse dos telespectadores de assistirem ao filme mesmo que ele fosse ruim. Poderia dizer que através dos gatilhos da antecipação e o da "curiosidade", a rede Globo criava o futuro dos quais o público desejava. Sendo o maior da emissora de ganhar alguns pontos a mais do IBOPE.

Agora imagina o seguinte! Se eles não usassem o gatilho da antecipação. Será que eles conseguiriam atrair a atenção das pessoas para assistirem aos filmes de segunda à noite? Provavelmente não, certo?

Lembro-me de que quando eu era mais novo, ficava acordado, lutando contra o sono só para ver o filme completo e em muitas vezes dormia cedo, para acordar na hora. Nesse caso o gatilho consiste em prever algo antes dele acontecer e criar ações através de ferramentas e sistemas para que o mesmo aconteça como desejado.

Por exemplo, vários livros como "Poder sem limites" de Antony Hobbes. A Bíblia em Habacuque e tantos outros explica que se alguém tem um sonho ou uma meta deve escrevê-las, em um local que possa ver o escrito todos os dias, com o objetivo de se lembrar do que precisa ser feito até internalizar o desejado de forma que sinta que aquilo seja real.

Quanto mais intensidade for feito isso, mais chances terão de realizar o desejado, ao contrário, poderá esquecer e mudar de meta, e por fim, não fazer nada.

Um exemplo simples sobre como pode ser aplicada nos negócios.

Se um empreendedor estiver, por exemplo, criando um negócio de roupa, e ainda não tem nenhuma peça para comercializar, um jeito prático de usar o gatilho da antecipação seria através de estampas para as camisas da próxima coleção e postar nas redes sociais. Poderá ser através de desenhos de como ficaria depois de pronta na camisa e banners. Através deste, os usuários iriam ter uma breve ideia de como ficaria as camisas. Será importante nesse caso ter o domínio sobre os outros gatilhos para agregar no plano de marketing, como, por exemplo, o da curiosidade, reciprocidade, autoridade e escassez.

A Apple, por exemplo, é uma empresa especialista no uso do gatilho da antecipação nas campanhas dos novos produtos.

Através do uso destes gatilhos de um jeito como só eles utilizam, sempre que a empresa lança algum produto, costuma ter filas de esperas de semanas e que normalmente viram quarteirões. Pessoas que viajam longos quilômetros de distância e costumam dormir em filas para serem os primeiros a utilizar o produto.

Se estiver pensando em lançar um novo produto ou serviço, comece a disseminar informações meses antes, sobre o mesmo gradualmente, de forma que gere curiosidade e desperte o interesse de posse dos prospectos.

Gatilho Mental da novidade:

Esse gatilho nos transmite a mesma sensação que um desbravador sente ao descobrir algo inédito, e de forma instintiva. Nesse caso, somos todos desbravadores, pois amamos conhecer o "novo", novas pessoas, lugares, informações e culturas.

Em termos neurológicos, quando alguém é exposto a algo novo, há um aumento na liberação de dopamina, um neurotransmissor responsável pela sensação de prazer.

As novidades também são excelentes combustíveis para tirar as pessoas da zona de conforto e motivá-las a irem à busca da recompensa desejada.

Empresas que trabalham no ramo de tecnologia entendem perfeitamente a necessidade de inovar diariamente, e talvez seja esse um dos motivos que impulsionam eles a lançarem novos produtos todos os anos, ou seja, novidades sempre entram no mercado e novas tecnologias são descobertas. E enquanto outras se tornam obsoletas.

O consumidor em geral, além de sentir prazer em obter algo novo, entende que não podem ficar para trás e que precisam sair da zona de conforto diariamente buscando para se adequarem as novas tendências de mercado. Creio que esse seja um dos motivos do porque o gatilho da novidade funcione tão bem.

Esse gatilho também está intimamente associado ao da curiosidade. Aconteceu comigo! A minha esposa estava no trabalho e eu liguei para ela resolver algum assunto, do qual não me lembro, ela falou que tinha uma novidade para me falar e eu perguntei para ela, boa ou ruim? E ela disse que era muito boa. E logo eu fiquei ansioso para que ela chegasse logo para saber qual era a novidade.

Outro exemplo, são as empresas de multinível, elas lançam novidades no portfólio em toda convenção, e isso ajuda a empresa manter os associados focados no crescimento pessoal da rede fazendo com que compareçam no dia das convenções para saberem o que será lançado.

E aí, conseguiu pensar em alguma novidade que você pode criar e lançar para o seu público alvo?

Se ainda não conseguiu, continue tentando e saiba que em todo seguimento dá para inovar, e se fizer isso junto ao público-alvo de forma que desperte curiosidade e antecipação, as probabilidades serão que seu negócio venderá muito e faturar alto.

"O negócio que não se atualiza constantemente está fadado ao fracasso".

Gatilho mental: dor x prazer:

Se eu te perguntasse nesse momento sobre algo que aconteceu com você há mais de 10 anos, provavelmente o que viria em sua mente, seria algo relacionado à **dor x prazer**. Porém, deixe-me adiantar aqui, independente do que tenha acontecido, se você lembrou de algo, é por dois motivos, primeiro deles é o mais poderoso de todos: A DOR, e em segundo lugar o prazer. Os sentimentos que proporcionam muito prazer, ou dor de forma intensa, normalmente são armazenados por muito tempo na mente.

Esse é um dos motivos pelo qual esse gatilho funciona tão bem, pois as decisões são guiadas para evitar sentir dor ou proporcionar muito prazer.

Imagina essa situação: um pai de família está em sua casa, em uma noite chuvosa, caindo raios e trovões, e do nada, o filho ou alguém da qual ele ama muito está sentindo muita dor na barriga, dor de cabeça e não para de gritar. Outro detalhe é que não tem carro para sair com ele, também não tem como chamar via celular ou aplicativo o serviço de farmácia. Restando uma única solução que é a de ir caminhando até a farmácia mais próxima, que ficaria a um quilômetro de distância da residência para comprar o remédio e resolver o problema.

Nesse caso, se fosse você no lugar do pai de família, o que faria? Sairia embaixo da tempestade mesmo, ou ficava ouvindo e vendo a pessoa do lado sofrendo a noite toda? Provavelmente iria com a chuva mesmo, sem pensar duas vezes. Como podemos saber disso? Por que sou um mago? Não, nem chego perto disso, mas sei pelo mesmo motivo, que as pessoas naturalmente se movimentam por duas coisas: evitar sentir dor e obter prazer.

E como utilizar esse gatilho para ajudar a aumentar as vendas? Conheça bem o que deseja vender, as necessidades do prospecto e encontre a solução perfeita que ajude a solucionar o problema ali identificado.

Imagina essa situação: uma pessoa estuda por quatro anos com o objetivo de fazer uma prova de um concurso público do qual garantiria o emprego dos sonhos e obter ganhos equivalentes a vinte salários-mínimos. Contudo, o dia tão esperado e aguardado, logo tinha chegado.

A pessoa entra na sala que a prova iria ser feita e o professor faz entrega para todos, avisando que o prazo era de 40 minutos e quem não acabasse no tempo não poderia continuar. Mas algo marcaria aquele dia de um jeito inesperado. Quando a pessoa procura caneta, não a encontra, e descobre que na ansiedade de que tinha que dar tudo certo e chegar na hora, acabou esquecendo a ferramenta principal. Pede na sala, mas ninguém tinha para emprestar. Nesse momento, a pessoa teve uma dor muito grande porque se tratava de um problema do qual se não fosse encontrado a solução logo, iria ser destruídos anos de preparação e espera. E os sonhos falhariam.

Por sorte ou azar, uma pessoa do lado de fora da sala grita: olha a caneta! Não perca sua prova por falta dela. Aproveite agora mesmo! Restam poucas unidades. Ela logo fica feliz e vai até à janela e pedi uma ao vendedor. Quando ela pergunta o preço, ela quase cai para trás e morre do coração. O vendedor estava pedindo R$ 20,00 na unidade da caneta Bic, da qual o preço dela em uma papelaria era algo em torno de R$ 1,99. Ela de imediato comprou a caneta, sem discutir preço e foi fazer a prova.

Essa história mostra que o preço é indiscutível, quando se vende solução. Ali existia uma dor muito grande a ser resolvida e o vendedor de canetas soube explorar isso a favor da venda. Ele se posicionou a um passo à frente de quem ia fazer a prova e faturou alto.

"O segredo do bom vendedor consiste em saber o que o prospecto deseja antes deles se darem conta".

Gatilho mental da história:

A melhor forma de entender como será o futuro é olhando as histórias dos últimos cinco ou dois mil anos.

Se a ideia for compartilhar um conhecimento importante, conte uma história se baseando nos acontecimentos históricos e tudo será compreendido, sem resistência ou divergência de opinião. Afinal será só uma história.

Já parou para observar que toda a percepção sobre o mundo de quem somos de onde viemos e para aonde vamos, está tudo relacionado a alguma de história?

As pessoas são ensinadas ou doutrinadas através de histórias desde que são crianças. Talvez seja esse um dos motivos do porque as histórias são excelentes gatilhos mentais para ajudar no processo de vendas e persuasão. Elas mexem com as emoções pessoais de cada uma das pessoas que estão ouvindo de formas diferentes umas das outras.

Quando alguém ouve uma história bem contada, o subconsciente interpreta através da criação de sensações e emoções das quais se assimilam com os acontecimentos reais, tornando tudo que está sendo dito, aceitável.

O prospecto entende tudo de forma amigável, e não vê como um vendedor que está ali só para vender. Através deste a taxa de aceitação das informações aumenta.

"Um prospecto bem informado sobre os benefícios do produto tem a garantia de venda em 99% das vezes".

Jesus Cristo foi o maior contador de histórias que existiu no mundo. Ele sempre que desejava ensinar as pessoas em sua volta sobre algo importante contava uma parábola.

Provavelmente você já ouviu falar das parábolas da semeadura e dos talentos.

Quando alguém para, para refletir sobre o conhecimento que Jesus desejava passar por trás dessas parábolas consegue perceber a importância do compartilhamento de informações através das histórias. (Parábolas são histórias contadas com um objetivo de ensinar, que não necessariamente a história tenha acontecido de verdade).

Como usar o gatilho mental da história para cobrar por um serviço e aumentar as vendas? Se for mandar um e-mail com um orçamento, por exemplo, antes de falar o preço, conte uma pequena história que ajude a fazer sentido para o prospecto sobre os benefícios, qualidade dos serviços e o porquê aquele é o valor que está sendo cobrado.

Caso algum cliente estiver chorando o preço ou achando caro o produto, conte uma história feita essa.

Um navio carregado de ouro e peças importantes valendo bilhões de dólares, quebra no meio do mar e o prejuízo chegava a milhares de dólares por dia.

O comandante do navio ficou muito aflito pelo ocorrido e chamou um técnico especialista em conserto naval para verificar e resolver o problema. O técnico chegou até ao navio em um barco, ficou um dia. Não conseguiu solucionar o problema, e foi embora.

O comandante ficou mais aflito ainda, por conta dos prejuízos que estavam sendo contabilizados a cada dia que o navio ficava parado. Ele pesquisou sobre o melhor engenheiro naval do país mais próximo de onde o navio estava. Quando achou, logo contratou. O Engenheiro chegou de lancha, olhou tudo, fez uma análise e ficou ali por dois dias tentando e também não conseguiu resolver nada.

O comandante que já estava quase louco da cabeça, por conta dos prejuízos, decidiu procurar o engenheiro que criou o navio. Por isso ele pesquisou e o encontrou. Ele o informou sobre o ocorrido que estava acontecendo e que só ele, o construtor poderia ajudá-lo a sair daquela situação. Prontamente o construtor decidiu atender ao chamado do comandante. Horas depois, ele chegou até o navio de helicóptero para ajudar o comandante que já estava muito desesperado por conta dos prejuízos. O construtor do navio fez uma inspeção, pediu para desligar e ligar de novo o motor ouviu as mudanças do barulho e por fim, alguns minutos depois, ele retirou um martelo da bolsa e deu uma batida em uma das válvulas. Logo, todos os motores começaram a funcionar perfeitamente, e a embarcação pôde seguir ao destino evitando mais um dia de prejuízo.

Os orçamentos: três dias depois chegaram com os preços a serem pagos pela empresa responsável pelo navio.

O técnico estava cobrando US$ 1.000,00 pelo dia de trabalho, mesmo não tendo conseguido resolver o problema.

O Engenheiro por sua vez cobrou US$ 2.000,00 pelos dois dias de trabalho, também não havia conseguido dar jeito.

O Construtor do navio, e que tinha conseguido solucionar o problema, cobrou US$ 30.000,00.

O comandante naturalmente liberou as contas para a empresa pagar, e assim foi feito. Porém, ele havia ficado pensativo, sobre quais os critérios o construtor havia utilizado para chegar naquela conclusão, de que a martelada que ele havia dado valia mais de US$ 10.000,00 mil dólares. Sendo assim ele mandou um e-mail para o mesmo pedido às informações.

E o construtor mandou o seguinte: para dar a martelada, US$ 1,00, para saber onde bater, US$9.999,00. Que história hein!

O fato é que para os empreendedores, principalmente os que trabalham com prestação de serviços, na maioria das vezes se torna difícil cobrar o valor que o serviço realmente vale, pois, existe uma resistência considerada grande por profissionais mais tradicionais. Se esse for o caso, uma boa forma de romper essa crença será contando histórias feito essa, para ajudar dar sentindo para o prospecto.

Gatilho Mental da Simplicidade:

A lei do menor esforço nos ajuda compreender melhor esse gatilho. Embora a cultura popular tenha deturpada, tornando-se a fazer parecer sinônimo de preguiça e má vontade para o trabalho. A lei tem um valor científico.

O Princípio 80/20: foi descoberto em 1897 pelo economista italiano Vilfredo Pareto (1848 – 1923), segundo ele o qual 80% do que uma pessoa realiza no trabalho vêm de 20% do tempo gasto nesta atividade.

Dando a entender que 80% do esforço despendido para todas as finalidades práticas, são irrelevantes. Deve ser por isso que, embora o resultado seja importante, as pessoas avaliam muito o método para chegar até ele. Mostrando que o caminho até a realização de um objetivo é algo que pode definir se uma pessoa tomará uma ação ou não.

Quando existem várias opções para uma pessoa escolher, naturalmente ela decide pela mais simples e que gere os mesmos efeitos. Isso acontece porque o cérebro trabalha tendo como um dos objetivos economizar energia.

*"A simplicidade é o último grau de sofisticação". —
Leonardo da Vinci.*

Uma forma de obter sucesso na utilização desses gatilhos mentais é encontrando algo que o prospecto precisa muito, e ajudá-lo oferecendo um jeito de encurtar o caminho para ele conseguir o que deseja. Segue alguns exemplos de como utilizar o gatilho mental da simplicidade para chamar a atenção do avatar.

- ✓ Professor ensina **o passo a passo** para aprender tocar violão em menos de um mês.
- ✓ Descoberto um **caminho mais curto para** alcançar a perfeição em desenho realista.
- ✓ Bolos de aniversário **simples e rápidos de fazer** para a festa de seus filhos.
- ✓ Aluno descobre um jeito **prático e simples** de memorizar as aulas dos professores.
- ✓ Aprenda a falar inglês de um jeito **rápido e descomplicado** em nossa escola.

Quando o empreendedor conseguir falar com o avô sobre informações complexas e técnicas de uma forma que ele entenda, este terá alcançado a excelência na simplicidade à qual resultará em sucesso!

O Gatilho Mental da Referência: O que é verdade para uns pode não ser para outros. O que vale muito para alguém, para outros não têm nenhum valor.

Como resolver isso em um diálogo de vendas? Ou melhor, como cobrar por algo de um jeito que faça sentido para o prospecto? Creio que o gatilho da referência será útil nestes questionamentos.

Como o prospecto chega à conclusão de que um serviço tem o melhor preço e qualidade do que os demais?

Quando tinha uns 14 anos, trabalhei em um supermercado aos sábados até o meio-dia, e o dono do mercadinho sempre me pedia para ir até dois dos supermercados que tinha próximo ao dele para ver os preços de alguns produtos. Naquele momento, não entendia muito o porquê ele dependia para ver os outros antes de dar o preço dele. Hoje consigo compreender claramente o que era feito.

Quando ele colocava os preços baseando se nos dos concorrentes, ele de certa forma estava influenciando os prospectos a escolherem o mercadinho dele, por entenderem que ali tinha o melhor preço.

Naturalmente as pessoas irão sempre escolher o mais bonito, o mais forte, o mais capaz. Porém, na hora de pagar por tudo isso, preferirão os que tenham todas as qualidades pelo menor preço. Isso acontece porque gostamos de obter vantagens em tudo que fazemos.

Imagina o seguinte: alguém compra um carro 2019 do qual está avaliado na tabela FIPE em R$ 40.997,00 e consegue na mão de um amigo por R$ 30.000. Nesse momento a referência é a tabela FIPE que mostra que ele está economizando quase R$10.000,00. Então ele acredita plenamente que fez um bom negócio.

Se seguir o parâmetro brasileiro, realmente foi uma boa oportunidade. Porém, ao chegar à sua casa, ele abriu o aplicativo de mensagem instantânea e ver um vídeo que um amigo mandou dos Estados Unidos, de um carro do mesmo modelo, que ele comprou por US$ 10.000,00 essa quantia quando convertidas para o real daria uns R$ 25.000,00. Nesse caso, mesmo tendo sido um bom negócio, ele iria se sentir roubado, pelo governo brasileiro.

Esse exemplo mostra como o poder da referência funciona na mente do prospeto.

Para usar o gatilho mental da referência em um negócio, será preciso conhecer bem os serviços à qualidade o preço e a logística dos concorrentes. Através destes será possível fazer as comparações, mostrar para o prospecto onde está à diferença de um para o outro e as vantagens oferecidas que o concorrente não oferece. E, se isso for feito com excelência, o preço não será posto em pauta e o produto mesmo tendo um ticket mais elevado. Então, a maioria dos prospectos preferirá comprar de você.

Gatilho Mental da Curiosidade:

Esse gatilho é muito utilizado para chamar a atenção de alguém ou do prospecto. A maioria das campanhas de vendas bem-sucedidas utilizam para gerar tráfego e criar mais engajamento através das ações predeterminadas na campanha.

Uso prático do gatilho:

Se precisar, por exemplo, chamar a atenção de alguém e não estiver obtendo sucesso, fale que tem algo importante para dizer e que está com pressa naquele momento e depois fala do que se trata. As probabilidades são de que ela pensará em mil coisas do que poderá ser.

Nesse momento despertou o gatilho da curiosidade. Mesmo a pessoa querendo esquecer, não conseguirá com facilidade, até obter as informações prometidas. E se por ventura isso não acontecer, ficará uma lacuna em aberto e, ao mesmo tempo, muito desejo de que seja resolvida para fechá-la. Afinal, Todos têm um pouco de curiosidade, uns mais, outros menos. Alguém que esteja, por exemplo, em um relacionamento estável, ama o parceiro (a), e está em um momento muito bom da vida a dois e recebe a notícia de que será pai ou mãe, naturalmente se enchem de felicidades. Porém, depois de alguns dias, fica a curiosidade relacionada sobre qual será o sexo do bebê, e alguns questionamentos pessoais; será que vai ser menino ou menina? Se for menino vamos fazer o quarto de tal jeito, e for menina será do outro. E o nome qual vai ser? Movido à curiosidade, a maioria das pessoas após os três meses faz exames para descobrirem o sexo e fechar a lacuna em aberto.

Uma curiosidade da qual alguém não consegui a resposta, passa uma sensação de que uma parte da história está ficando para trás, e talvez, seja movido a essa sensação de que algo está faltando, que as pessoas se movem em busca das respostas desejadas.

Descubra nesses exemplos como aplicar em seu negócio o gatilho da curiosidade para atrair mais pessoas interessadas para saber informações, pedirem orçamentos e se tornarem clientes.

Oficina mecânica. **Descubra os Segredos** para ajudar manter o carro intacto por mais tempo que os mecânicos das outras oficinas guardam a sete chaves.

Vidraçaria que vende faixada para varandas de apartamentos! **Revelado uma técnica** pouco conhecida que ajudará a casa a se manter limpa por muito mais tempo.

Agência de marketing! Aumente drasticamente suas vendas com essa **informação que era restrita** e utilizada só por grandes agências de marketing. Veja agora, enquanto está disponível.

Para empresas que desejam pegar licitação! Descubra nesse artigo o porquê **poucas pessoas têm acesso** a determinadas licitações e o que fazer para começar a obter.

Clínica odontológica! **A verdade que ninguém nunca contou** sobre clareamento dentário à qual ajudará até mesmo quem toma muito café ter dentes brancos.

A outra forma de fazer isso é através de comparações. Por exemplo; Honda Civic X Corola, qual o melhor custo benéfico, descubra agora.

O importante será criar títulos que despertem a atenção do avatar. (Público ideal).

Gatilho mental da Empatia:

Uma forma de gerar conexão rápida e verdadeira com outras pessoas são justamente através desse gatilho mental. Ele é muito poderoso e precisa ser usado com moderação e honestidade.

Uma vez um advogado foi até uma família que havia acabado de sofrer uma perda através de um acidente de carro com o intuito de representá-la, defendendo os direitos adquiridos no tribunal. O advogado quando chegou até a família que estava em luto, ouviu prontamente sobre todas as informações do ocorrido e quando se pronunciou, ele falou de uma forma que gerou uma conexão positiva e verdadeira com aquelas pessoas que tinha perdido o patriarca da casa no acidente, provocado por um infrator bêbado.

O advogado conta que ele também havia perdido os pais em uma situação parecida e que o infrator havia saído impune, depois de pagar uma pequena quantia em dinheiro para a avó dele, que era também a única família que ele tinha a partir daquele momento. E que aquele ocorrido foi um dos motivos que influenciou ele a seguir a carreira de advogado, tendo como objetivo de trabalhar para não deixar infratores como aqueles ficarem impunes, depois de tal injustiça cometida envolvendo pessoas inocentes.

Para aplicar esse gatilho mental nos negócios para ajudar a aumentar as vendas, o empreendedor precisará conhecer bem o prospecto que deseja vender, a partir deste, o ideal será contar histórias que compartilhem alguma experiência pessoal ou de terceiros mostrando para ele que se importa, e entende o grau do problema que está passando e o que pode ser feito para conseguir resolver.

Através desse compartilhamento de experiências o prospecto tenderá a confiar mais no que o empreendedor está dizendo, porque terá entendido que ele também já passou pelas mesmas dificuldades. Sendo assim as vendas aconteceram naturalmente.

Persuasão X Manipulação

Qual a diferença? Entenda. Talvez depois de ver tantas informações sobre como influenciar outras pessoas a tomarem decisões, talvez esteja se perguntando se tudo isso não se trata de manipulação. Pois, bem! O ato de influenciar é natural e todas as pessoas são seres influenciáveis. Talvez seja um dos motivos do porque existe a frase dizendo que somos a média das cinco pessoas das quais mais convivemos.

Descreveria a persuasão e a influência como: a arte de apresentar as pessoas o que elas precisam, mesmo sem estarem presentes conscientemente para as necessidades, de um jeito que desperte o interesse de posse de imediato.

A manipulação se trata de mostrar para as pessoas algo do qual não seja verdade, fazendo parecer como se fosse. Enganar para conseguir o que deseja, passando por cima da ética, transparência e respeito. Isso seria a manipulação. Quando isso acontece às coisas tendem a dar errado a longo prazo.

"A melhor forma de persuadir alguém é fazendo o que elas desejam de um jeito que elas não tinham pensado".

Capítulo 5. Marketing Digital.

Mercadologia ou como é mais conhecido como marketing: É a arte de criar produtos e serviços que despertem o interesse de posse do público-alvo de forma que ajudem os mesmos entenderem que encontraram a melhor opção referente ao que estavam buscando.

O marketing também é utilizado para explorar, entregar e gerar valor com o objetivo de satisfazer as necessidades comerciais do mercado.

O marketing deve estar presente na criação dos negócios, produtos, serviços, vendas e expansão da marca. As empresas que utilizam todos os conceitos de forma profissional tendem a prosperarem e a crescerem mais rápido. Ao contrário, normalmente as que não a fazem, quando conseguem sobreviver os primeiros cinco anos, costumam se tornarem apenas empresas locais.

O Marketing também é utilizado para gerar relacionamento e fazer o pós-vendas. Ajudando então os clientes a se sentirem valorizados e voltar a lembrar da marca sempre que precisarem.

"O marketing está presente na natureza no simples e, ao mesmo tempo, no complexo".

O marketing digital é a evolução das estratégias que eram utilizadas nos meios tradicionais de marketing, como, por exemplo, TV, rádio, outdoor, panfletagem e carro de som. Passando agora a serem utilizadas com mais frequência no ambiente online. Este possibilita a utilização de mais recursos e consequentemente garante uma maior eficácia na campanha e aumento das vendas.

Através da harmonização das informações, técnicas de vendas agregadas as ferramentas digitais foram permitidas a automação e escalabilidade da campanha possibilitando um maior alcance e atendimento das necessidades de mais pessoas. Uma das maiores vantagens é a capacidade de entrar na casa das pessoas com a campanha e apresentar a ideia onde elas estiverem através da internet, utilizando as redes sociais, marketplace e em portais de notícias. Comparado com as mídias tradicionais possibilitando o empreendedor investir menos em propagandas e lucrarem mais.

O erro número 1 das empresas que divulgam nas redes sociais.

Tenho observado algumas empresas e até mesmo agências iniciantes que concentram todos os esforços criando banners para as mídias sociais, acreditando que estão fazendo um bom marketing para a marca em questão, e que só estas ações ajudarão melhorar o posicionamento de mercado da empresa e consequentemente as vendas.

Imagina essa situação! Uma empresa de moda masculina e feminina investe todos os esforços em uma rede social e consegue mais de um milhão de seguidores. Naturalmente as vendas começaram a acontecer. Nesse momento, a loja começa a depender de toda a venda, e os mecanismos de comunicação passa a ser através da rede social. Até aí nada de errado, tudo certo. A loja passa a vender milhões para os seguidores da rede social, e ali mesmo ela faz as pesquisas e pega os feedbacks dos usuários que segue a marca.

Porém, em um belo dia os empreendedores da marca acordaram e haviam percebido que a rede social tinha sido vendida para outro grupo de investidores por alguns bilhões de dólares. Com isso, passou algumas semanas, meses e tudo continuava normal e a loja estava vendendo como nunca. Mas o pior estava por vir, os novos acionistas da empresa começaram a modificar a plataforma da rcdc social e sua essência. Logo, todos os usuários passaram a sentir o impacto de forma negativa. A mesma já não estava tão atrativa para os usuários utilizarem e interagir com os amigos como antes, e automaticamente eles começaram a migrar para uma nova plataforma, que agregava mais valor do que a anterior.

A loja começou a cair os rendimentos e perdeu grande parte da popularidade online. Teve uma queda em faturamento em mais de 50% do volume de vendas. A única solução era correr contra o tempo para entender tudo sobre a nova rede social, se posicionar novamente e tentar recuperar a popularidade com os usuários antigos e os novos para alcançar o volume de vendas, ou a loja iria à falência.

Essa reflexão mostra exatamente o quão perigoso é para um negócio depender só de um sistema de mídia, do qual, o empreendedor não tem controle, pois se ela muda ou sai do mercado, a empresa pode falir. Nos próximos tópicos mostraremos exemplos de **como utilizar as redes sociais em favor da marca**, sem se tornar refém delas.

No passado não era muito diferente com as mídias tradicionais. Lá o empresário pagava para apresentar a marca dele para quem tinha interesse e para quem não tinha. Sendo esse um dos maiores motivos para a propaganda sair tão caro e converter pouco.

Através das campanhas na internet é possível encontrar o público-alvo ideal. Possibilitando especificar o nicho desejado. Podendo ser apresentado a campanha só para quem tem interesse no que está sendo oferecido, e excluir quem não se interessa. Sendo assim a campanha venderá mais, gastará menos dinheiro e a marca não se tornará uma empresa chata, que tenta forçar a venda para os que não têm interesse.

Como utilizar o marketing digital para se posicionar no mercado?

Para fazer uma colocação de forma clara e simples, vamos dividir em três tópicos: **prospecção, Relacionamento e Fidelização.** A marca precisará de uma estratégia para encontrar todos os dias novos avatares. (O público ideal para a empresa). Isso pode ser feito de várias formas, das quais explicaremos melhor nos próximos tópicos. Para encontrar e criar nos avatares o desejo de seguir a marca será preciso utilizar alguns gatilhos mentais como o **da curiosidade e o da antecipação**.

Se tiver alguma dúvida sobre como utilizar os gatilhos mentais, sugiro que releia o capítulo anterior sobre o assunto. Feito isso, é hora de colocar a mão na massa e começar a prospectar novas pessoas para conhecer o negócio.

Agora é hora de **criar relacionamento** com o prospecto para ajudar a entender o que a marca pode fazer para ajudá-lo. Essas ações podem ser feitas através do compartilhamento de informações e experiências de terceiros que obtiveram algum resultado com o que o negócio oferece. Essas ações podem ser feitas através de artigos no blog do site, da marca replicada nas redes sociais, e através de vídeos.

Se tiver fazendo uma campanha, por exemplo, use de três a quatro vídeos e quando for criar o script da gravação acrescente o atalho mental da antecipação e curiosidades na chamada, em seguida os gatilhos da história e empatia. No vídeo final não pode faltar os gatilhos da escassez e autoridade.

Essas ações simples, quando utilizadas do jeito certo, farão com que a marca tenha vários clientes apaixonados pelo que ela comercializa, e os rendimentos aumentarão drasticamente.

"O marketing de relacionamento é o mais perfeito impulsionador de compras entre as estratégias de vendas existentes até hoje".

Para ajudar no processo de **fidelização com os clientes,** será preciso que a empresa venha a criar um sistema próprio para gerenciar os "leads" (pessoas com potencial de fidelização). Nesta plataforma, será colocado todos os "leads" que virão das redes sociais com o objetivo do empreendedor se comunicar com os mesmos, sem depender de sites de terceiros ou precisar gastar com propaganda toda vez que tiver interesse de vender para eles.

Através do sistema do qual chamamos de **funil de vendas**, se torna possível utilizar uma sequência de ações e ferramentas como, por exemplo, o e-mail marketing auto responder ou "chatboot" (Sistema de atendimento e mensagem automática). Esses sistemas permitem no auxílio da criação de relacionamentos de forma espontânea com os usuários, a partir deste será possível encaminhar as ofertas para os "leads" seguindo uma programação lógica, respeitando a data de entrada de cada um na base de dados do sistema.

Quando o empreendedor utiliza o conceito do funil de vendas com profissionalismo, ele não se torna refém das tendências das redes sociais e passa a utilizar em favor do negócio de forma crescente, contínua e duradoura.

O segredo das campanhas que vendem muito nas redes sociais.

Vamos compartilhar os padrões exatos que já ajudaram milhares de empreendedores ao redor do mundo a faturarem muito dinheiro na internet vendendo informações, serviços e produtos. Sendo o exemplo do caso do empreendedor Érico Rocha do qual falamos no início do livro um pouco da sua história. Ele chegou a faturar mais de três milhões em um dia, utilizando apenas a internet para promover e vender seus serviços. Veja agora um pouco do padrão que foi utilizado por ele.

Conheça os gatilhos mentais na sequência e como foram utilizados por grande parte dos empreendedores bem-sucedidos para faturarem alto em campanhas online:

1. **Atrair a atenção**: reciprocidade, Antecipação, Simplicidade e Curiosidade.
2. **Relacionamento:** história e Empatia
3. **Educar:** reciprocidade, história e prova social
4. **Chamada para ação:** autoridade e prova social
5. **Fidelização:** dor x prazer e referência.

Identificação do público-alvo e nicho específico. Ao iniciar uma campanha, será muito importante ter em mente qual é o nicho específico que deseja alcançar e conhecer mais dele do que ele mesmo.

O público: É um segmento da sociedade com determinadas características em comum (idade, sexo, profissão e interesses), ao qual uma empresa através de uma campanha pode dirigir uma mensagem ou uma oferta.

Como definir o público-alvo:

Imagina essa situação: uma mulher está em uma cidade desconhecida à procura de uma loja para comprar roupas para ela. E aborda outra mulher na rua perguntando onde tinha uma loja de roupa feminina. Prontamente a pessoa responde dizendo onde ela poderia ir.

Chegando lá, ela entra na loja e percebe que ali não tem o estilo de roupa que estava querendo, e logo sai em busca de outra. Antes de sair da loja pergunta para uma das vendedoras onde tinha outra e sai em busca da mesma. Quando chega lá, a loja tinha um pouco mais das características das roupas que ela estava querendo, porém, ainda não era o que ela estava buscando. E outra vez sai para visitar outra loja. A mulher ficou praticamente o dia todo procurando até encontrar uma loja que tinhas as roupas do jeito que ela desejava.

Essa reflexão mostra que na maioria das vezes, o empreendedor não sabe definir e também não tem o domínio sobre os nichos que deseja vender. E o prospecto menos ainda. Saber isso é muito importante para quem deseja vender mais, com menos trabalho. Quando o lojista descobre isso, ele pode investir em marketing e ações de publicidade para educar o cliente sobre o que ele vende e para quem ele desejava vender. Sendo assim, automaticamente as pessoas da cidade quando for indagado por turista onde tem uma loja de roupa, eles poderão questionar antes de informar a primeira que passar na mente, sobre qual peça a pessoa deseja, para então indicar mais adequada.

No caso da turista, ela sabia o que queria, mas também não estava conscientemente presente para o que ela precisava. Sendo assim, ela não conseguia identificar com precisão qual era o tipo da loja em que ela estava procurando para facilitar a indicação das pessoas que ela havia pedido ajuda.

Percebemos que os empreendedores, na maioria das vezes estão tentando agradar a todos e no fim acabam não vendendo para ninguém.

"Na internet, o mais se torna menos, e o menos, passa ser mais".

A mulher, apesar de estar de calças na rua, ela estava procurando uma loja que vendesse roupas mais conservadoras, porque ela era evangélica e desejava ir a uma convenção que aconteceria naquela cidade.

Nesse exemplo, o nicho da loja era as mulheres evangélicas que tinham interesse em ir a eventos de suas igrejas. Se alguém abrir uma loja nesse seguimento e explorar bem o nicho, consequentemente colherá muitos frutos. Todo o esforço de marketing será focado em um alvo em específico.

A importância de se trabalhar com nichos específicos é que o empreendedor ou marca se tona referência no que se propõem a fazer e consequentemente passam a lucrar mais com menos trabalho e menos investimento.

Uma boa imagem vale mais do que mil palavras!

Na internet as imagens utilizadas nas campanhas têm uma função primordial. Pois na maioria das vezes, serão elas que ajudarão o usuário a tomarem a ação de deixar o que estão fazendo para focar no que a campanha deseja compartilhar.

Antes de escolher a imagem, será importante levar em consideração os gatilhos mentais, para saber quais serão os efeitos que elas causarão na mente do usuário. As imagens que ajudam a campanha obterem mais engajamento são as que despertam curiosidade, geram empatia e cria antecipação.

Um exemplo clássico da antecipação em uma imagem seria, por exemplo, as que têm cenas do tipo: antes da fórmula (y) e depois da fórmula.

As Imagens que geram curiosidade poderiam ser, por exemplo, imagem que foge totalmente dos parâmetros normais que o usuário está acostumado a ver diariamente.

Os Vídeos são excelentes

Para usar nas campanhas online. Através dele, o engajamento aumenta drasticamente devido à humanização que o vídeo promove. Mas só funcionará essa questão, se for alguém real mostrando que esteja disposto a gerar valor e se expor perante o público.

Na primeira etapa da campanha, devem ser utilizados os gatilhos citados acima, seguindo os padrões mencionados para cada fase.

Os títulos serão um divisor de águas:

Entre as campanhas que engajam e as que não chamam atenção. Será muito importante investir tempo na criação dos títulos para uma campanha. Seja para usar em vídeos ou imagens, pois eles farão muita diferença no crescimento e na taxa de conversão. Os gatilhos da curiosidade e antecipação, serão primordiais nessa etapa. Pode ser verificado exemplos nos tópicos sobre gatilhos mentais descritos anteriormente.

Gerenciador de publicidade.

Após fazer todas as produções e ajustes de marketing, será a hora de aprender a dominar e utilizar os gerenciadores de campanhas das mídias sociais. Nesse caso, o Facebook ADS para o Facebook, e Instagram e o Google Adwords para aparecer na primeira página do Google com a busca das palavras chaves da campanha, em portais de notícias, blogs do assunto em questão.

Métricas de investimentos e possibilidades de lucro

Nesse momento, o empreendedor saberá exatamente o quanto precisará investir para conseguir faturar a quantidade que deseja nas campanhas.

Se um empreendedor, por exemplo, tivesse o interesse de faturar R$ 100,00 através da venda de um curso online no valor de R$ 1.000,00, quanto ele precisaria investir em média?

Atualmente, através do Facebook ADS para R$ 22.000,00 investido, será possível alcançar umas 800,000 mil pessoas do Público alvo qualificado.

Seguindo os padrões do conceito do **funil de vendas,** o foco inicial seria concentrado em atrair a atenção do avatar, oferecendo algo de muito valor para eles, que os ajudem de alguma forma a solucionar algum problema em troca do contado (Whatsapp, acesso ao Messenger das redes sociais e e-mail).

A partir desse momento, entraria a segunda etapa, da qual iria ser criada uma sequência de conteúdos para criar relacionamentos através do envio de uma série de artigos programados para se comunicar com o avatar.

Vamos supor que nesse exemplo foram capturados na campanha três mil "leads" de pessoas que desejam informações, e as mesmas foram colocadas na sequência para receber mais conteúdo através de vídeos, artigos e palestras, sendo assim, educadas de forma automática com os conteúdos programados.

Desses três mil, apenas 1,000 mil levaram a sério e viram à sequência de informações completas.

Duas semanas depois, funil lança a oferta para os "leads" comprarem o curso e 10% dos mil que levaram a sério e viram toda a campanha, aderem à chamada para ação e compram o curso. Nesse caso, foram 100 cursos vendidos, e o empreendedor ganharia os R$ 100.000,00 desejados com um investimento cerca de R$ 25.000,00. Nada mal, certo?

A taxa de conversão nesse exemplo ficou em 10%, e isso irá variar de produto para produto. Porém, existem casos de que a taxa chega a 30%, e se esse fosse o ocorrido nesse exemplo, o empreendedor teria faturado R$ 300.000,00.

Será importante entender que, para obter resultados desse tipo, será ideal dominar todos os gatilhos mentais, as ferramentas de marketing digital, edição de imagens, vídeos, web, e os gerenciadores de publicidades das redes sociais. Ao contrário, poderá perder dinheiro.

Categorias, negócios que geram mais lucros na internet:

Os negócios que geram mais resultados independentemente do seguimento ou nicho, são sem dúvidas os que vendem informações, ou prestação de serviços através de sistemas inteligentes dos quais não estão impedidos de crescerem, por questões de logística e território.

"Porquanto, melhor é a sabedoria do que as mais finas joias, e de tudo o que se possa ambicionar, absolutamente nada se compara a ela" Provérbios. 8:11. Salomão.

O autor desse versículo foi considerado o rei mais sábio do mundo, ele governou o reino dele em tempos difíceis e de muita guerra sem derramar sangue. Usando sua sabedoria para tomar as decisões necessárias para manter tudo funcionando em perfeita ordem.

E por que estou falando isso? Talvez você não seja religioso, ou quem sabe nem acredita em Deus. Eu entendo e respeito à opinião de todos! Porém, nesse caso está sendo citada uma parte da história humana, das quais a ciência aceita e já conseguiu provar a veracidade dos fatos. Podemos perceber que a informação é a moeda mais valiosa existente no mundo. Pessoas que tem informação e compartilha através de um método eficaz, consegue resultados extraordinários.

Na internet pode ser feito isso através do compartilhamento de uma experiência adquirida em anos de trabalho.

Alguém que tem muita experiência como um psicólogo, por exemplo, poderia colocar várias informações, seguindo um método passo a passo para ajudar um determinado nicho de pessoas a resolverem algum problema. Nesse caso, teria o profissional transformando os conhecimentos em curso e através de uma campanha bem orquestrada poderia ganhar muito dinheiro e, ao mesmo tempo, ajudar diversas pessoas.

"Todos que tem como missão de vida ajudar outras pessoas através do compartilhamento de informações, esta tem um propósito nobre e muito rentável".

Capítulo 6. Um dos maiores ativos do empreendedor.

O conhecimento é a riqueza que ninguém consegue tirar do empreendedor e a ferramenta mais poderosa para geração de prosperidade e riquezas do mundo. Quem tem e usa com profissionalismo está bem financeiramente. Ou se tornará em breve, se assim obtiverem interesse. Porém, aqueles que não têm, mesmo tendo, perderão, e não conseguirão prosperidade nem riquezas.

Segundo as histórias bíblicas, Salomão praticou um ato de fé que mudaria totalmente o jeito do qual o reino dele iria ser governado da li por diante. A História conta que quando o seu pai o rei Davi morreu, ele pegou o bem mais precioso que havia ficado e oferecido para Deus em ato de fé.

A bíblia diz que mesmo sendo o rebanho dos bois e ovelhas, era a herança mais valiosa que havia sido deixado por Davi. Ele pegou todo o rebanho e queimou em ato de devoção a Deus. Sendo assim, Ele se comoveu com tamanha fé e se manifestou – Perguntando para ele, o que ele desejava. Salomão então, respondeu dizendo – Que queria sabedoria para governar o seu povo. E Deus prontamente concedeu. Salomão entrou para a posteridade sendo considerado o Rei mais sábio da história.

A Reflexão mostra que: "Independente do seguimento de atuação, todos aqueles que buscam sabedoria alinhada à disciplina e tem foco para fazer o que precisa ser feito diariamente, chegam ao topo".

O maior ativo do empreendedor é uma mente intacta que não se permite abalar por coisas do dia a dia, como, por exemplo, emoções, dificuldades e sobre os problemas que na maioria das vezes parecem que são maiores que de fato é.

Um dos fatos que influência no crescimento e continuidade do empreendedor é a humildade. Entender que não é superior a ninguém e que precisará ver o próximo como superior a ele mesmo. Reconhecer que mesmo se for admirado como o maior especialista, autoridade ou líder em um assunto ou seguimento por milhares de pessoas, ainda assim tem muito a aprender. É importante se manter humilde para continuar crescendo.

Muitos empreendedores têm muita informação sobre o nicho de atuação, mas não sabem como compartilhar através das ferramentas de marketing digital de forma que ajudem no crescimento de seus negócios. Nesse caso, estão em desarmonia com a tecnologia.

Para resolver isso o ideal será investir tempo para entender como funciona o marketing no ambiente online e começar do jeito que pode, "sem medo de arriscar e sem medo de ser feliz".

O empreendedor Bill Gates é considerado uma das pessoas mais influentes do mercado de tecnologia do mundo. Sendo ele também uma das pessoas mais ricas do planeta, e ainda assim, ele lê em média 50 livros por ano.

Esse exemplo mostra o quão importante é a busca contínua por informação, independente se o empreendedor é grande ou pequeno.

O segredo se encontra em encontrar o porquê: e em seguida fazer coisas simples, mas com propósito. Seguindo um modelo de sucesso e encontrar disposição todos os dias para lutar e superar os obstáculos que tentarão parar os sonhos, sonhados lúcidos, buscando forças para continuar.

Ficando presente para o hoje e o agora:

"Entender que a felicidade está na jornada, e não na chegada. Que o sucesso é hoje, e agora".

"Se conscientizar que o amanhã não existe até que chegue. Saber que o hoje e o agora é o que temos! E o que se faz hoje gera consequências para o amanhã".

"Sabendo disso, faço hoje porque sou feliz. Faço hoje por que posso e porque sei que isso me aproxima da linha de chegada invisível da vida que um dia acaba aqui, e começa outra junto do criador".

"Faço porque este dia uma hora será apenas história, na minha ou na sua voz".

"Vivo o agora como se fosse único e creio, que verdade ele é. Pois, o mesmo dia nunca se repetiu e nunca se repetirá".

"O segredo? Pois, bem, eu não sei. Mas se tivesse que chutar, diria que ele se encontra em ser feliz consigo próprio, amar ao próximo, fazer o que gosta, ser grato por tudo que tem e pelo que não tem".

RESUMO DO LIVRO.

SAINDO DE ONDE ESTÁ.

Neste capítulo, o autor mostra que é preciso saber exatamente onde a pessoa se encontra, financeiramente e mentalmente, pois só assim, ele saberá o que precisará fazer para chegar onde deseja.

Reflexão: Um amigo foi de carro visitar o outro em uma cidade da qual ele não conhecia. Quando chegou no município, era tarde da noite, e ali não tinha muita sinalização nem pessoas para pedir informações. Ele já estava ficando desesperado porque estava se sentindo perdido. Ele ligou para o amigo e pediu ajuda e foi perguntado: onde você está? Ele respondeu que já estava na cidade e queria saber como chegar até a residência. O amigo perguntou em qual rua ele estava. Mas ele não sabia o nome da rua nem como informar o local. O amigo que estava esperando, não sabia o que fazer para ajudar. Pois sem que ele soubesse o local, ele não teria como dizer para qual direção o amigo deveria seguir e pediu para ele tentar se localizar primeiro, e quando conseguisse, ligar para saber como chegaria ao destino desejado.

Essa reflexão mostra que se o empreendedor não souber onde se encontra, dificilmente saberá sair da situação atual para chegar onde deseja.

O autor mostra também sobre os riscos do imediatismo, dos quais algumas pessoas acreditam que se alguém está ganhando muito dinheiro com pouco tempo de negócio, logo ele é bom. E se deixam ser influenciadas a fazer também, com a promessa de ganhos rápidos.

No exemplo citado neste capítulo, mostra que a maioria das pessoas que inicia algo pelo dinheiro, acabam se frustrando e consequentemente perdem tudo que havia conseguido.

"O que vem rápido vai rápido e o que vem por dinheiro, por ele vai embora".

DIVULGAÇÃO, É A ALMA DO NEGÓCIO?

Neste capítulo o autor fala sobre a importância de usar o marketing antes da publicidade, pois se isso acontecer, o produto não venderá mesmo sendo conhecido por todos e a empresa poderá ir à falência.

A CONSTRUÇÃO DA BASE É O PRIMEIRO PASSO PARA O SUCESSO.

O autor reforça a importância de investir tempo na construção da base. Ele percebe que a maioria dos empreendedores acredita que a base se trata de investir dinheiro na faixada da loja, estoques, fundo de caixa, sistemas, etc. A ideia do autor é informar que a base precisa ser construída a partir da mentalidade. Ou seja, a forma de pensar e ver o mundo dos negócios, etc.

Segundo ele, se isso estiver em desarmonia com o que deseja alcançar, os empreendedores correrão sérios riscos de não conseguir os resultados desejados.

Reforçando nos capítulos seguintes a ideia de que o marketing precisará ser executado por profissionais especialistas de cada área.

O autor fala sobre a importância de o empreendedor falar com alguns profissionais de marketing, especializados na área do seguimento em questão, antes de tentar colocar em prática alguma ideia.

Sendo essa uma decisão que deverá ser tomada antes mesmo da construção do plano de negócios, e da escolha do nome da empresa e assim, sucessivamente até a produção dos produtos e expansão. Com o objetivo de prevenir falhas e aumentar as probabilidades de o empreendedor conseguir o sucesso e a liberdade financeira almejada.

OS SEGREDOS DA BOA NEGOCIAÇÃO.

O autor fala de negociação, como algo que precisa ser bom para ambas as partes, das quais o empreendedor deverá saber que é relevante para o prospecto antes dele.

Contudo, através do estudo dos gatilhos mentais o mesmo terá um conhecimento mais amplo sobre os comportamentos das pessoas de forma geral. E o que impulsiona o mesmo a tomar a decisão de comprar e escolher determinados produtos como sendo os melhores para os clientes.

MARKETING DIGITAL.

O marketing digital sem as técnicas de gatilhos mentais, será o mesmo que um peixe fora da água. O autor afirma que é importante os empreendedores entenderem que o marketing independente de ser online ou off-Line, precisará ser seguido os padrões e a essência do mesmo.

Contudo, é indicado o marketing digital como uma das melhores opções para o empreendedor potencializar as vendas, principalmente para quem está iniciando.

U M DOS MAIORES ATIVOS DO EMPREENDEDOR.

O conhecimento aliado à vontade de fazer acontecer se tonar o maior ativo das pessoas bem-sucedidas.

Se por ventura alguém não o que deseja, e está interessado em obter, comece pela busca de conhecimento, e tudo ficará mais fácil ao longo da jornada.

Referências Bibliográficas

Viver de Blog:

Os Gatilhos Mentais Mais Poderosos
https://viverdeblog.com/gatilhos-mentais

 Érico Rocha: Gatilho da autoridade.
https://www.youtube.com/watch?v=hHc5ZEmcx0Y

Paulo vieira: O poder da ação.

Sun Tzu: A arte da guerra.

Robert Cialdini: As armas da persuasão.

Bíblia sagrada: **Tiago 1:5 e Provérbios 3.**

Adolfo Conrado: Os 8Ps do Marketing Digital.

Dr. Lair Ribeiro. O sucesso não ocorre por acaso e O poder da comunicação.

Sobre o autor

Uma história de muito sofrimento, altos e baixos e, ao mesmo tempo, de muito aprendizado. Já aos sete anos ficava sentado por horas com a mão no queixo pensando e visualizando a vida dos sonhos. Os adultos normalmente brincavam, perguntando sobre o que pensava tanto, sendo tão novo para ter tantas preocupações.

Nessa época, apesar da pouca idade, já tinha adquirido algumas experiências das quais haviam obrigado a amadurecer depressa. Aos três anos, já não tinha mais pais devido a uma separação motivada por brigas domésticas constantes. A mãe havia o abandonado e sumiu no mapa, o pai havia ficado com quatro crianças para cuidar, ambas entre um e cinco anos. Ele tinha que trabalhar e dar conta de todos ao mesmo tempo.

Aconteceu que ele também não aguentou a carga, e decidiu abandonar todos e ir embora. Uma das tias apareceu de Fusca para pegar todos. Ela os levou para a sua casa, e como não tinha condições de cuidar de todos e ainda dos filhos que tinha, ela enviou cada um para cada familiar, ou seja, os irmãos foram separados. Perdendo então o contato e a convivência com os irmãos, depois foi para a casa de outra tia e por fim, foi morar com uma família de criação da qual se tornou muito grato por elas terem o acolhido em um momento que havia se tornado um divisor de águas em sua vida.

Essa família tinha uma estrutura financeira e um nível educacional mais elevada do que todos da minha biológica, através desta foi possibilitado a mim a oportunidade de adquirir novas crenças, hábitos saudáveis e uma nova perspectiva sobre ver e encarar o mundo. Nessa época já estava com sete anos e era justamente ali em que ficava pensando na vida. A probabilidade era de talvez ter entendido que a forma de juntar os irmãos e os pais era se tornando bem-sucedido. Até então ainda não conhecia o pai. E a mãe havia conhecido, mas não tinha proximidade com ela.

Por fim, aos dez anos teve a oportunidade de conhecer o pai, ficou muito entusiasmado e foi morar com ele. Depois de uns quatro anos decidiu que não era o que queria e voltou para onde estava.

Nesse período foi quando conheceu a música, com isso, a vida tinha ganhado um novo sentido. A música passou a inspirá-lo e a dar forças para sair da zona de conforto e ir à busca do desconhecido. Aos dezesseis anos começou a se interessar por apreender instrumentos de sopros, e como na cidade em que morava não tinha ninguém que tocava o instrumento que desejava aprender.

Logo ele tinha duas alternativas: ficar ali e deixar os sonhos morrerem ou sair daquela cidade e ir à busca do desconhecido para obter a capacitação desejada. A escolha foi feita. Ele saiu daquela pequena cidade e foi em direção da trajetória desejada, mas o caminho até conseguir de fato começar a aprender a música não foi fácil como havia previsto, e só iniciou as primeiras experiências musicais a partir dos dezenove anos.

Aprendeu a tocar o instrumento desejado, tocou saxofone em algumas bandas da cidade, chegou até dar aulas de música em escolas locais. Essa trajetória ajudou a ganhar algumas experiências interessantes. Mais havia algo do qual não estava certo ainda, era como se estivesse faltando alguma coisa, e de fato faltava, mais não sabia o que era exatamente.

Foi quando então através de uma amizade com uma pessoa da qual veio se tornar um amigo, algo começou a mudar. Pois, depois de um tempo, por intermédio dele, teve a oportunidade de conhecer e se deslumbrar pelo empreendedorismo, iniciando pelo marketing de relacionamento. A partir desse momento ia a várias reuniões e sempre saía dali impactado com tudo que via e ouvia! Mas não iniciava, pois, acreditava que não tinha dinheiro, pelo menos essa era a desculpa naquele momento. Cinco anos depois, havia voltado dc São Paulo do qual tinha ido para estudar sobre marketing. Ao se encontrar com o mesmo amigo, juntos foi iniciada a primeira experiência prática no seguimento. Foi um ano de muito trabalho e aprendizados dos quais foi obrigado a voltar a estudar bastante sobre vendas e comportamentos de pessoas. No mesmo ano foi comprada a franquia da empresa em que estava sendo feito os trabalhos como consultores independentes e instalado na cidade.

As coisas estavam indo de vento em poupa, já estava sentindo que era chegado à hora de fazer história e realizar várias das metas e sonhos pessoais.

Mas o inesperado aconteceu! Devido a uma briga interna da empresa com os gestores e líderes de rede, e em especial por um pouco de inveja partindo de um líder sobre o crescimento exponencial que o negócio estava tendo no estado todo. O negócio sofreu um baque muito grande do qual não era esperado, e talvez por falta de mais maturidade e experiência para contornar a situação, o negócio foi obrigado a ser encerrado.

A partir desse ponto, a decisão tomada foi de voltar a estudar sobre marketing e vendas. Porém, dessa vez um pouco diferente do que havia ido buscar em São Paulo, tinha acabado de descobrir o marketing digital e ficado muito impactado com a simplicidade de se fazer negócios no ambiente online. E com o poder que a internet tinha para ajudar pessoas se tornarem bem-sucedidas mais rápidas, com menos investimentos comparados aos modelos tradicionais.

A partir desse momento foram muitos estudos feitos em cima de todas as informações que tinha ao alcance. Depois de um ano de estudos, foi investido mais um ano escrevendo o livro O mundo em suas mãos do qual é falado nele sobre marketing digital e desenvolvimento pessoal. Tempos depois, foi criado também o livro com interesse de disponibilizar online e formato E-Book, O profissional do Século XXI. Nesse é explicado sobre o marketing multinível e as suas principais vantagens   para quem deseja empreender, mas não tem dinheiro e nem experiência para começar um negócio do zero. O E-Book mostra as vantagens e por que seria viável iniciar pelo multinível.

Nesse exato momento, ele está focado no crescimento da agência Scofield Marketing em Guarapari-ES. Uma Agência focada em ajudar empreendedores e microempresários locais a melhorarem o posicionamento de mercado da marca, o relacionamento consciente, e aumentar as vendas.

"Empreender é mais que fazer negócios, buscar ter dinheiro e posses, é uma filosofia de vida".

Agradecimentos

Agradeço primeiramente a Deus, pois "Ele é o dono de toda honra e toda Glória", sem Ele nada sou e com Ele tenho esperanças. Obrigado meu Deus por ter me ajudado até aqui!

Agradeço aos meus amigos e minha esposa Raissa Scofield por estar sempre ao meu lado.

Agradeço também a minha família! Que Deus abençoe a vida de cada um, hoje e sempre em nome de Jesus!

Equipe

Revisora de texto: Cristiane Oliveira, Laiz Bianchi e Raissa Scofield.

Capa do Livro: Agência Scofield Marketing.

Sugestões e parcerias

Whatsapp (27) 9974–76387 - www.albericojesus.com.br

https://www.youtube.com/albericojesus

www.facebook.com/albericojesus